World Food

Deutsche Küche

World Food

Deutsche Küche

Parragon

Bath · New York · Singapore · Hong Kong · Cologne · Delhi · Melbourne

Außer den unten genannten Bildern alle © Parragon Books Ltd:
Hauke Dressler/Getty Images S. 11; Grant Faint/Getty Images S. 16; Andreea Gerendy/Getty Images S. 2; Franz Marc/Getty Images S. 144–145; Hans-Peter Merten/Getty Images S. 19; PNC/Getty Images S. 28–29; Ingolf Pompe/Getty Images S. 190–191; Radius Images/Getty Images S. 108–109; Norbert Rosing/Getty Images S. 12–13; Martin Ruegner/Getty Images S. 8–9; Torsten Silz/AFP/Getty Images S. 20; Holger Spiering/Getty Images S. 76–77; Ingmar Wesemann/Getty Images S. 14–15; Heinz Wohner/Getty Images S. 22–23, 58–59, 228–229; H. & D. Zielske/Getty Images S. 4–5, 6–7, 21, 126–127, 168–169, 206–207.

Einleitungs- und Covertext: Wiebke Krabbe, Damlos

Parragon Books Ltd
Queen Street House
4 Queen Street
Bath BA1 1HE, UK

Realisation der deutschen Ausgabe: trans texas publishing, Köln
Satz und Projektmanagement: Nazire Ergün, Köln

ISBN 978-1-4454-0800-2

Printed in China

Hinweis

Sofern die Schale von Zitrusfrüchten benötigt wird, verwenden Sie unbedingt unbehandelte Früchte. Sind Zutaten in Löffeln angegeben, ist immer ein gestrichener Löffel gemeint: Ein Teelöffel entspricht 5 ml, ein Esslöffel 15 ml. Sofern nicht anders angegeben, wird Vollmilch (3,5 % Fett) verwendet. Es sollte stets frisch gemahlener schwarzer Pfeffer verarbeitet werden. Bei Eiern und einzelnen Gemüsesorten, z. B. Kartoffeln, verwenden Sie mittelgroße Exemplare. Kinder, ältere Menschen, Schwangere, Kranke und Rekonvaleszenten sollten auf Gerichte mit rohen oder nur leicht gegarten Eiern verzichten. Die angegebenen Zeiten können von den tatsächlichen leicht abweichen, da je nach verwendeter Zubereitungsmethode und vorhandenem Herdtyp Schwankungen auftreten.

Inhalt

EINLEITUNG

Was fällt Ihnen zum Stichwort „deutsche Küche" ein? Rheinischer Sauerbraten, Königsberger Klopse, Hamburger Aalsuppe, Leipziger Allerlei, Pichelsteiner Eintopf, bayerisches Kraut mit Thüringer Bratwurst? Als Dessert eine leichte Westfälische Quarkspeise oder doch lieber eine üppige Bayerische Creme? Ein Stück Schwarzwälder Kirschtorte oder Dresdner Eierschecke? Und was darf es zu Trinken sein – vielleicht eine Berliner Weiße mit Schuss oder ein Pfälzer Riesling?

Allein diese Auswahl gibt einen kleinen Vorgeschmack auf die Bandbreite der Gerichte, die zwischen Nordsee und Alpen auf den Tisch kommen.

Jenseits seiner Grenzen ist Deutschland vor allem für die große Vielfalt an Brot- und Brötchensorten bekannt, die in Europa ihresgleichen sucht. Eindrucksvoll ist auch die große Zahl der Wurstsorten, die heiß zu Hauptgerichten und kalt als Brotbelag gegessen werden.

Regionale Ausrichtungen

Die deutsche Küche zeichnet sich durch eine Vielzahl regionaler Spezialitäten aus, die sich über Jahrhunderte aus den jeweiligen landwirtschaftlichen Traditionen entwickelten und verfeinerten. Auf den Tisch kam, was das Land hergab. Man baute an, was auf heimischen Böden wuchs, und man hielt Nutztiere, die das Klima problemlos vertrugen und sich der jeweiligen Landschaft anpassen konnten.

An Fleischarten sind vor allem Schweine- und Rindfleisch sowie Geflügel verbreitet. Schweine, Geflügel und Rinder werden in allen Teilen des Landes gehalten. Und wo es Milchvieh gibt, wird auch Käse hergestellt, wenngleich sich die Sorten von Region zu Region und sogar von Käserei zu Käserei unterscheiden.

Aber auch Lammfleisch hat eine lange Tradition, wenngleich es nicht sehr verbreitet ist. Auf der Lüneburger Heide weiden die berühmten Heidschnucken, eine außergewöhnlich genügsame Schafrasse mit langem, glattem Fell, aus deren Fleisch man sehr schmackhafte Gerichte zubereitet.

Die Nord- und Ostseeküstenländer können naturgemäß mit einer besonders variantenreichen Fischküche aufwarten. Doch auch im Binnenland, das reich an Flüssen und Seen ist, werden zahlreiche Süßwasserfische gefangen und auf vielfältige, delikate Weise zubereitet.

Darüber hinaus kennt die deutsche Küche eine Vielzahl von Gemüsesorten. Beliebt sind Kartoffeln, Karotten, verschiedene Rübenarten, Bohnen, Erbsen, Spinat, Lauch, Pilze, Spargel und zahlreiche Kohlsorten, wobei die regionale Verbreitung der Gemüsesorten recht unterschiedlich ist.

In Norddeutschland werden neben Getreide oft Kohl und Rüben angebaut, da sie Wind und Kälte gut vertragen. Grünkohl ist vor allem in Mitteldeutschland verbreitet und wird im Winter geerntet, denn er schmeckt erst richtig gut, wenn er Frost bekommen hat. Man kocht ihn mit einer guten Portion Schmalz und geräucherter Schweinebacke – und in Bremen und Umgebung mit Pinkel, einer Grützwurst. Bei allem

Die sogenannten Bohlenhäuser mit Reetdach sind typisch für den Spreewald.

Kalorienbewusstsein – das fette Fleisch hat durchaus seinen Sinn: Das austretende Fett erhöht die Kochtemperatur auf über 100 °C, und das ist wichtig, damit hartes Wintergemüse weich wird.

Landstriche mit sandigen Böden eignen sich besonders gut für den Anbau von Kartoffeln, kein Wunder also, dass beispielsweise in Niedersachsen und Brandenburg Kartoffelgerichte wesentlicher Bestandteil der Küchentradition sind.

In den waldreichen Gebieten Deutschlands werden viele köstliche Pilz- und Wildgerichte gereicht. Pilze, wie Maronen, Pfifferlinge, Steinpilze und Perlpilze, finden in Suppen, Saucen und Gemüsegerichten Verwendung, aber auch als köstliche Ergänzung zu Wild.

Bei allen regionalen Unterschieden gibt es jedoch durchaus verblüffende Ähnlichkeiten, wie etwa zwischen den bayerischen Serviettenknödeln und dem Dithmarscher Mehlbüdel.

Kulinarische Nachbarn

Auch aus den jeweiligen Nachbarländern sind im Lauf der Geschichte kulinarische Einflüsse über die Grenzen gekommen. Während in der bayerischen Küche die Nachbarschaft zu Österreich und Böhmen – zwei für ihre Mehlspeisen berühmte Länder – unverkennbar ist, kommen beispielsweise in Südbaden und im Saarland Gerichte auf den Tisch, die vom angrenzenden Frankreich inspiriert sind. Die nordöstlichen Bundesländer zeigen deutliche Einflüsse der polnischen und russischen Küchentradition, so serviert man zum Beispiel in Mecklenburg-Vorpommern deftige Gerichte mit Steckrüben und Roter Bete.

Der Küche Hamburgs und Schleswig-Holsteins ist bis heute die einstige dänische Herrschaft anzumerken. Dies zeigt sich in einer Reihe von Gerichten, in denen herzhafte und süße Zutaten auf ungewöhnliche Weise kombiniert werden. Dass in die berühmte Hamburger Aalsuppe Trockenpflaumen gehören, ist geläufig. Ebenso gehören Bohnen, Birnen und Speck oder Grünkohl mit gezuckerten Röstkartoffeln zu den bekannteren Traditionsgerichten. Grützwurst mit Rosinen ist schon eher eine Sache für Eingeweihte. Aber wer kennt heute noch Großen Hans, einen süßen Teig mit oder ohne Rosinen, der in einem Tuch oder einer Form im Wasserbad gegart und mit angedickter Fruchtsauce oder – als typisches „Montagsessen" – mit der übrig gebliebenen braunen Sauce vom Sonntagsbraten gegessen wird?

Die Kapelle St. Bartholomä am Königssee (Bayern) ist nur per Schiff oder zu Fuß zu erreichen.

Gewürze

Gewürzt wird in deutschen Küchen mit Pfeffer, Salz und Petersilie, aber auch mit verschiedenen anderen Kräutern, die seit jeher im hiesigen Klima gedeihen und auch die mitunter langen, kalten Winter gut überdauern. Einige Kombinationen von Zutaten und Gerichten scheinen geradezu untrennbar miteinander verbunden zu sein: An Bohnen gibt man Bohnenkraut, an Kohl gehört Kümmel, in die Festtagsgans legt man ein Bund Beifuß. Das hat durchaus seinen Grund. Schon im Mittelalter wurden Kräuter in den Gärten der Klöster angepflanzt und hauptsächlich wegen ihrer Heilwirkung verwendet. Bohnen, vor

allem die getrockneten Kerne, sind schwer verdaulich. Bohnenkraut fördert die Produktion von Verdauungssekreten und sorgt dafür, dass die deftige Bohnensuppe nicht zu schwer im Magen liegt. Kümmel ist ein bewährtes Mittel gegen Blähungen, darum wird er traditionell zum Würzen von Kohl und anderen Gerichten mit blähenden Zutaten verwendet – beispielsweise für Handkäs mit Musik, an den eine gute Portion rohe Zwiebeln gehört, oder für badischen Zwiebelkuchen. Beifuß enthält Bitterstoffe, die die Bildung von Magensaft anregen und die Fettverdauung erleichtern, was bei üppigem Gänsebraten durchaus wünschenswert ist. Auch Salbei, Majoran und Thymian unterstützen die Verdauungstätigkeit und machen fette Speisen bekömmlicher. Dass Majoran im Volksmund auch Wurstkraut genannt wird, lässt an seiner bevorzugten Verwendung keinen Zweifel. Deftige Eintöpfe würzt man traditionell mit Liebstöckel, einer robusten Staude, die über zwei Meter hoch werden kann und der man früher aphrodisierende Wirkung nachsagte. Im Geschmack ähnelt Liebstöckel einer flüssigen Suppenwürze, darum nennt man es auch Maggikraut. Dill ist das klassische Gewürz für Gurkensalat und Schmorgurken mit saurer Sahne, wird aber auch gern an Fischgerichte gegeben, weil sein feines, zartes Aroma den Geschmack milder Speisen nicht überdeckt. Dillspitzen und Dillsamen werden für sauer und süßsauer eingemachte Gurken verwendet. Ein weiteres Gewürzkraut, das in Deutschland gedeiht, ist der Senf. Seine Samen verwendet man im Ganzen als Einmachgewürz. In nahezu jedem deutschen Kühlschrank dürfte man Senf im Glas oder in der Tube finden, der aus gemahlenen Senfkörnern und weiteren Zutaten wie Essig und Wasser hergestellt wird. Jede Region kennt ihre spe-

Seite 14–15: *Morgennebel über dem Allgäu.*

Links: *Lange gab es Brezeln nur in Süddeutschland, mittlerweile ist diese Spezialität im ganzen Land verbreitet.*

ziellen Senfrezepturen – extrascharf aus Düsseldorf, süß aus Bayern, doch überall isst man ihn vorzugsweise zu Wurst und fettem Fleisch, weil die in ihm enthaltenen Öle die Fettverdauung erleichtern. Das gilt gleichermaßen für Meerrettich, der traditionell zu Rindfleisch und Kochfisch serviert wird. Kerbel, Kresse, Sauerampfer und Borretsch büßen beim Kochen an Geschmack ein, darum kommen sie vor allem in Salaten oder frischen Kräutersaucen zum Einsatz. Frankfurter Grüne Sauce ist eine der bekanntesten, für die es so viele Rezepte gibt wie hessische Hausfrauen, aber immer gehören großzügige Mengen frischer Kräuter dazu. Weil zarte Kräuter am besten schmecken, wenn sie noch ganz jung sind, ist es kaum verwunderlich, dass sie traditionell für Frühlingsgerichte – beispielsweise für Eiergerichte zu Ostern – verwendet werden.

Gewürze aus fernen Ländern wurden früher in den Hafenstädten angelandet. Für die Alltagsküche der einfachen Bevölkerung waren sie viel zu teuer. Das mag eine Erklärung dafür sein, dass beispielsweise Zimt, Ingwer oder Kardamom zu den traditionellen Gewürzen für Weihnachtsgebäck zählen: Zu den Festtagen gönnte man sich ausnahmsweise einmal etwas Besonderes, das dann auch etwas mehr kosten durfte.

Ursprünge

Wer die Entwicklung der deutschen Küchentradition verstehen will, sollte sich das Alltagsleben unserer Vorfahren vor Augen führen. Vor der Erfindung moderner Kühlgeräte richtete sich der Speisezettel weitgehend nach dem Zyklus der Natur. Obst und Gemüse, das gerade erntereif war, kam frisch auf den Tisch. Was nicht unmittelbar verwertet werden konnte, wurde getrocknet, eingekocht oder eingelagert.

Geschlachtet wurde normalerweise im Spätherbst, wenn die im Frühjahr geborenen Tiere groß genug, aber noch nicht zu alt waren. Außerdem war es um diese Jahreszeit kühl, und das Fleisch verdarb nicht so schnell. So erklärt sich, dass gute Bratenstücke zu den winterlichen Festtagen serviert wurden. Im Spätherbst begann die Jagdsaison, daher gehört Wildbret bis heute zu den klassischen Weihnachtsgerichten. Und auch die Gänse hatten im Winter das beste Schlachtgewicht – gerade richtig als Festtagsbraten für eine große Familie. Schinken hängte man in den Rauch und schnitt ihn traditionell erst an, wenn im Frühling der Kuckuck zum ersten Mal rief – also um die Zeit, wenn der Spargel gestochen wurde.

In Küstenregionen wirkten sich die Bewegungen der Fischschwärme auf den Speiseplan aus, und die Fische wurden wiederum durch Meeresströmungen, Wassertemperatur und Laichzeiten beeinflusst. Schollen beispielsweise sind im Mai am besten, wenn die Fische ihre winterliche Ruhezeit beendet haben. Und Muscheln isst man traditionell „in den Monaten mit R" – also von September bis April, weil in den Sommermonaten die Algen blühen und dabei giftige Stoffe bilden, die von den Muscheln aufgenommen werden.

Die deutsche Küche zeichnet sich durch eine Vielzahl regionaler Spezialitäten aus, die über Jahrhunderte entwickelt und verfeinert wurden.

Neben der Natur war es auch der Arbeitsalltag, der früher die Essgewohnheiten prägte. Viele Menschen leisteten schwere körperliche Arbeit, sei es in der Landwirtschaft, in der Fischerei oder im Bergbau. Sie brauchten Speisen, die nachhaltig sättigten, Kraft gaben und erschwinglich waren. In bäuerlichen Familien gab es oft mittags eine warme Mahlzeit. Wer dagegen tagsüber außer Haus arbeitete, nahm sein Essen mit. Man aß dann gern Brot mit Wurst, Räucherspeck oder Käse und dazu vielleicht ein Stück Obst. Die Alltagskü-

Muscheln isst man traditionell „in den Monaten mit R" – also von September bis April, weil in den Sommermonaten die Algen blühen und dabei giftige Stoffe bilden, die von den Muscheln aufgenommen werden.

che war kräftig, aber relativ einfach. Deftige Eintöpfe, wärmende Suppen oder, wenn es etwas Leichteres sein sollte, warme Milch- und Mehlspeisen waren beliebt. Auch süße Hauptgerichte standen hoch im Kurs, denn Zucker galt als wertvoller Energielieferant.

Am Nachmittag genoss man gern eine Tasse Kaffee mit einem Kuchen. Werktags gab es eher einfaches Gebäck, aber wenn an Feiertagen Verwandte und Freunde kamen, zeigte die Hausfrau ihr ganzes Können und servierte eine üppige Torte.

Einflüsse und Wandel

Vor etwa 100 Jahren begann sich die deutsche Küche zu wandeln. Dafür gibt es eine Reihe unterschiedlicher Gründe.

In der ersten Hälfte des 20. Jahrhunderts war während der beiden Weltkriege die Wirtschaftslage so angespannt, dass viele Lebensmittel rationiert wurden. Wer einen Garten oder ein Stückchen Ackerland hatte, konnte sich glücklich schätzen. In diesen Zeiten der Armut und Knappheit waren preiswerte, einheimische Produkte wie Kohl und Rüben für viele Familien Überlebensgrundlage und Hauptnahrungsmittel. Es ist gar nicht verwunderlich, dass solche Produkte nach Kriegsende gemieden wurden, weil sie mit bitteren Erinnerungen verknüpft waren.

In der Zeit des Wirtschaftswunders, als die Deutschen sich wieder vieles leisten konnten, wurden Gerichte mit Kohl, Rüben und anderen einheimischen Produkten zu „Arme-Leute-Essen" abgestempelt.

Von den 1960er-Jahren an stabilisierte sich die wirtschaftliche Situation. Die Deutschen begannen zu verreisen und brachten kulinarische Souvenirs mit – zuerst aus dem Mittelmeerraum, später auch aus ferneren Ländern. Fremde kulinarische Genüsse lernten die Deutschen auch durch die neu angeworbenen „Gastarbeiter" kennen, die ihre heimische Küche mit nach Deutschland nahmen. Überall wurden Restaurants mit „exotischen" Speisekarten eröffnet, sodass selbst die Daheimgebliebenen mühelos die Vielfalt interessanter neuer Gerichte entdecken konnten. Man ging zum Griechen, zum Chinesen oder zum Italiener – aber nicht zum Deutschen.

Es dauerte nicht lange, bis sich der Lebensmittelhandel auf das veränderte Kundeninteresse einstellte. Heute bekommt man in jedem durchschnittlichen Supermarkt griechische Oliven, asiatische Würzsaucen, mexikanische Tacos und südafrikanischen Wein, aber auch gänzlich neue Kreationen, wie Pizza mit Gyros, die durch das Aufeinandertreffen verschiedener Küchenkulturen entstanden.

Rückbesinnung auf Traditionen

Als Gegenbewegung zu der exotischen Vielfalt zeichnet sich eine Rückbesinnung auf Traditionen ab, eine Neuentdeckung des Bodenständigen. Manch einer erinnert sich wehmütig an die einfachen Gerichte der Kinderzeit und würde für einen Teller warmen Milchreis mit Zimt glatt ein nobles Tiramisu stehen lassen.

Auch das wachsende Ernährungsbewusstsein unserer Zeit ist mitverantwortlich für das neu erwachte Interesse an der einheimischen Küche. Wir alle kennen die Zusammenhänge zwischen ausgewogener Ernäh-

Seit dem 15. Jahrhundert thront das Alte Rathaus von Bamberg über der Regnitz.

Unsere Vorfahren leisteten schwere körperliche Arbeit, sei es in der Landwirtschaft, in der Fischerei oder im Bergbau. Sie brauchten Speisen, die nachhaltig sättigten, Kraft gaben und erschwinglich waren.

rung und Gesundheit, und wir achten beim Einkauf zunehmend auf Qualität und Frische. Was über lange Strecken aus fernen Ländern importiert wird, kann einfach nicht so frisch sein wie Produkte aus der unmittelbaren Umgebung. Seien wir ehrlich: Pangasius klingt viel interessanter als Hering. Aber geschmacklich kann sich Tiefkühlfisch aus Aquakultur einfach nicht mit kutterfrischem, einheimischem Fisch messen.

In Zeiten des globalen Klimawandels haben einheimische Lebensmittel noch aus einem anderen Grund ihren Wert. Der Transport von Importware verursacht Kosten, die letztlich an den Endverbraucher weitergegeben werden müssen. Vor allem aber belasten diese Transporte die Umwelt und tragen dadurch zu einer Verschärfung der Klimaproblematik bei.

Bei allen Vernunftargumenten ist Essen vor allem ein sinnlicher Genuss. Interessanterweise sind Kindheitserinnerungen oft mit ganz einfachen Speisen, einem frischen Stück Obst oder Gemüse verbunden: Wissen Sie noch, wie süß eine frisch aus der Erde gezogene Karotte schmeckt? Oder wie tröstlich warmer Schokoladenpudding sein kann? Erinnern Sie sich an den Streit unter Geschwistern um die allererste reife, verführerisch rote Erdbeere? Karotten aus der Plastikschale, Erbsen aus der Dose und importierte Erdbeeren zur Weihnachtszeit mögen vollkommen makellos aussehen, sie können im Hinblick auf Duft und Geschmack aber nicht mit voll ausgereifter und frischer Ware aus der Region mithalten. Ein Plädoyer für die

Links: *Ein Spargelbauer im pfälzischen Dudendorf sticht den ersten Spargel des Jahres.*

Gegenüber: *Fischerboote auf der Insel Rügen.*

einheimische Küche ist also vor allem ein Plädoyer für den Genuss. Und der kann schon mit einem geruhsamen Bummel über den Wochenmarkt beginnen.

Dass einheimische Zutaten alles andere als langweilig sind, beweisen engagierte, kreative Küchenchefs, die schon seit einigen Jahren verstärkt auf tagesfrische Ware aus der unmittelbaren Umgebung setzen und daraus köstliche, leichte Versionen der deftigen, kalorienreichen Traditionsgerichte zubereiten. Aus diesem Konzept ergeben sich ganz selbstverständlich auch saisonale Veränderungen der Speisekarte: Wirklich frisch kann schließlich nur sein, was gerade erntereif ist. Dass jede Saison zeitlich begrenzt ist, hat durchaus seine Vorteile, denn was nicht ständig verfügbar ist, bekommt den Hauch des Exklusiven. Damit erhöht sich die Vorfreude – und mit ihr der Genuss.

Heute wünschen wir uns eine zeitgemäße, vielseitige Ernährung, die zu unserem modernen Lebensstil passt. Da können die traditionellen Gerichte der deutschen Regionen erstaunlich viele Anregungen liefern. Ein Kirschenmichel braucht nämlich nicht mehr Zeit als eine Tiefkühlpizza, und anstelle eines Burgers schmeckt in der Mittagspause auch ein selbst belegtes Vollkornbrot mit Salatblatt. Mit dem Wissen um die altbewährten kulinarischen Traditionen verbunden mit aktuellen ernährungswissenschaftlichen Erkenntnissen können wir uns heute Gerichte zubereiten, die gesund sind und schmecken – ganz im Sinne der überlieferten deutschen Küche!

Die Ursprünge des Klosters Maria Laach (Eifel) liegen im 11. Jahrhundert.

SUPPEN, VORSPEISEN & KLEINE GERICHTE

„Ein Haar in der Suppe missfällt uns sehr,
selbst wenn es vom Haupt der Geliebten wär."
Wilhelm Busch

Suppen sind bei uns ganz einfach unentbehrlich – sie sind herzhaft und sättigend und werden oft als komplette Mahlzeit serviert. Eine kräftige Brühe aus Rindfleisch mit Knochen ist schnell zubereitet und bildet die Basis einer guten Suppe. Deshalb sollte man auf die Verwendung von Fertigbrühe weitgehend verzichten – der Geschmack einer frischen Suppe ist einfach unvergleichlich.

Brauhäuser mit den regionalen Bierspezialitäten ziehen sich durch ganz Deutschland, und hier werden gern deftige Gerichte zum Bier serviert. Vielleicht finden Sie, dass zu Ihrem Lieblingsbier Frikadellen (Seite 45) passen, in Butter gebraten und mit Zwiebelringen belegt. Eine Alternative dazu wären Obazda (Seite 62), ein oder zwei Stück Zwiebelkuchen mit Kümmel (Seite 65), Handkäs mit Musik (Seite 63), Soleier (Seite 66) oder auch Kartoffelsalat mit Wiener Würstchen (Seite 52).

Der weiße Spargel ist in Deutschland der König unter den Gemüsesorten; es gibt Restaurants, die während der sehr kurzen Ernteperiode fast ausschließlich Spargel in vielen verschiedenen Variationen servieren. Authentisch ist dieses Gericht mit Schinken und Sauce hollandaise (Seite 55). Unter den zahlreichen Schinkensorten gelten kräftiger geräucherter Schwarzwälder Schinken oder milder Kochschinken als Klassiker. Die ersten neuen Kartoffeln machen diesen Leckerbissen perfekt.

ITALIEN I
Radicchio
Rosso
100g -.70
Eiskraut
100g 2.40
ITALIEN I
Radicchio
Veronese
100g 1,20
FRUIT

ITALIEN
Peperoni
100g 1,20

Leberknödelsuppe

FÜR 4 PERSONEN

3 Brötchen vom Vortag

125 ml lauwarme Milch

1/2 TL Salz

20 g Schweineschmalz

1 Zwiebel, fein gehackt

250 g Rinderleber, durch den Fleischwolf gedreht

1 Ei

Salz und Pfeffer

1/2 TL frisch gehackter oder 1/4 TL getrockneter Majoran

2 EL frisch gehackte Petersilie

3 EL Semmelbrösel

1 l Rinderbrühe

Roggenmischbrot, zum Servieren

1 Die Brötchen in Scheiben schneiden, mit der Milch begießen, salzen und alles durchziehen lassen, bis die Brötchen weich sind.

2 Das Schweineschmalz in einer Pfanne zerlassen, die Zwiebel darin glasig dünsten. In einer Schüssel Leber und gedünstete Zwiebel vermengen. Die Brötchenmasse zugeben und gut verkneten.

3 Ei, Salz, Pfeffer, Majoran, Petersilie und Semmelbrösel zugeben und zu einem geschmeidigen Teig verkneten. Mit angefeuchteten Händen Knödel formen.

4 Die Rinderbrühe zum Kochen bringen, dann die Hitze auf die niedrigste Stufe reduzieren. Die Leberknödel in die Brühe geben und etwa 20 Minuten ziehen lassen. Sofort mit Roggenmischbrot servieren.

Seite 28–29: *Obst- und Gemüsestand auf dem Viktualienmarkt in München.*

Flädlesuppe

FÜR 4 PERSONEN

500 g Suppenknochen

350 g Suppenfleisch

1 Porreestange, in Ringe geschnitten

1 Karotte, in Scheiben geschnitten

1 Stück Sellerie, in Stücke geschnitten

1 Petersilienwurzel, gewürfelt

1 Pastinake, gewürfelt

2 Zweige frische glatte Petersilie

1 Zwiebel

Salz

1,5 l Wasser

frisch gehackte Petersilie, zum Garnieren (nach Belieben)

Pfannkuchen

60 g Mehl

1 Ei

125 ml Milch

Salz

1 EL Butter

1 Suppenknochen, Suppenfleisch, Gemuse und Salz in kaltem Wasser aufsetzen, langsam aufkochen und 2–2 1/2 Stunden köcheln lassen. Um der Suppe eine schöne Farbe zu verleihen, einige Zwiebelschalen kurz mitkochen. Die Suppe durch ein Sieb in einen anderen Topf passieren und beiseitestellen. Das Gemüse entsorgen.

2 Für die Pfannkuchen das Mehl in eine Schüssel geben. Ei, Milch und etwas Salz zufügen und gut vermengen, bis ein dünnflüssiger Teig entsteht. Die Butter in einer Pfanne zerlassen und so viel Teig hineingeben, dass der Boden der Pfanne gerade bedeckt ist. Auf einer Seite backen, vorsichtig wenden und die andere Seite backen.

3 Die Pfannkuchen abkühlen lassen, aufrollen und in dünne Streifen schneiden. Die Streifen in Suppenteller geben und mit der fertigen Fleischbrühe aufgießen. Nach Belieben die Suppe mit gehackter Petersilie bestreuen und sofort servieren.

Kartoffelsuppe

FÜR 6 PERSONEN

1 EL Butterschmalz

1 Bund Suppengemüse, gehackt

1 große Zwiebel, fein gehackt

750 g mehlige Kartoffeln, gewürfelt

1 l heiße Fleischbrühe

1 TL Majoran, fein gehackt

Salz und Pfeffer

125 g Schlagsahne

1 EL frisch gehackte Petersilie

1 Das Butterschmalz in einem großen Topf zerlassen. Suppengemüse und Zwiebel zugeben und dünsten, bis die Zwiebel glasig ist. Die Kartoffeln zufügen und kurz mitdünsten. Mit der Fleischbrühe aufgießen. Mit Majoran, Salz und Pfeffer würzen und 20 Minuten kochen lassen.

2 Die Sahne unterrühren und nach Belieben die Suppe mit dem Pürierstab fein pürieren. Mit Petersilie bestreuen und servieren.

Erbsensuppe

FÜR 4 PERSONEN

400 g getrocknete gelbe Erbsen

250 g geräucherter Speck, am Stück

2 Zwiebeln, grob gehackt

1 Karotte, in Stücke geschnitten

1 Petersilienwurzel, in Stücke geschnitten

1/4 Sellerieknolle, gehackt

250 g Kartoffeln, gewürfelt

1 kleine Porreestange, gehackt

Salz und Pfeffer

1 1/4 TL frisch gehackter Majoran

1/2 TL frisch gehacktes Bohnenkraut

1 TL frisch gehackte Petersilie, zum Garnieren

1 Die Erbsen über Nacht in 2 l Wasser einweichen. Am nächsten Tag mit der Einweichflüssigkeit zum Kochen bringen, Speck und Zwiebeln zufügen. Abgedeckt bei mittlerer Hitze 1 Stunde köcheln lassen.

2 Wurzelgemüse, Kartoffeln und Porree unter die Erbsen mischen und mit Salz, Pfeffer, Majoran und Bohnenkraut würzen. Den Eintopf 20 Minuten kochen lassen.

3 Vor dem Servieren den Speck herausheben, in feine Würfel schneiden und unter die Suppe mischen. Zum Garnieren mit der Petersilie bestreuen.

Ochsenschwanzsuppe

FÜR 4 PERSONEN

5 EL Butter

2 Zwiebeln, 1 in Ringe geschnitten, 1 klein gehackt

1 Porreestange, in Ringe geschnitten

1 große Karotte, in Stücke geschnitten

1 Pastinake, gewürfelt

1 kleine Sellerieknolle, gewürfelt

1 Petersilienwurzel, gewürfelt

1 EL frisch gehackte Petersilie

1 Ochsenschwanz, in 2,5 cm große Stücke geschnitten

2 l Wasser

1 Lorbeerblatt

etwas frischer Thymian

6 schwarze Pfefferkörner

4 EL Mehl

1 Msp. Paprikapulver

1 EL Madeira

Salz und Pfeffer

Brötchen oder Roggenbrot, zum Servieren

1 In einem großen Topf bei mittlerer Hitze 2 Esslöffel Butter zerlassen. Zwiebelringe, Porree, Karotte, Pastinake, Sellerie, Petersilienwurzel, Petersilie und Ochsenschwanz zufügen. Alles etwa 10 Minuten unter Rühren anbräunen.

2 Das Wasser zugießen und Lorbeer, Thymian und Pfeffer zugeben. Aufkochen, dann die Hitze reduzieren und etwa 2 Stunden köcheln lassen. Die Ochsenschwanzstücke herausnehmen und das Fleisch vom Knochen lösen. Das Fleisch in kleine Stücke schneiden und zurück in die Brühe geben.

3 Die restliche Butter in einem kleinen Topf zerlassen, die gehackte Zwiebel zugeben und goldgelb dünsten. Das Mehl zugeben und anschwitzen. Nach und nach etwa 300 ml von der Brühe zugießen und unter Rühren kochen lassen, bis die Mehlschwitze andickt. Die Mehlschwitze in die Suppe einrühren und weitere 30 Minuten köcheln lassen.

4 Kurz vor dem Servieren das Paprikapulver und den Madeira einrühren und mit Salz und Pfeffer abschmecken. Mit Brötchen oder Roggenbrot servieren.

Hamburger Aalsuppe

FÜR 4 PERSONEN

100 g Schinkenschwarte
200 g Markknochen
1 kleiner Kohlrabi, grob gehackt
3 Karotten, grob gehackt
1 Petersilienwurzel, gehackt
1 kleiner Blumenkohl, in Röschen zerteilt
750 ml Fleischbrühe
60 g Porree, klein geschnitten
60 g Sellerieknolle, klein geschnitten
150 g Backobst (Birnen-, Apfel-, Pflaumen- und Aprikosenstücke), über Nacht in kaltem Wasser eingeweicht
2 EL Weißweinessig
2 TL Zucker
1 Zweig frisches Bohnenkraut
1 EL frisch gehackte Petersilie
125 ml trockener Weißwein
125 ml Wasser
1 Aal (etwa 400 g)

Klößchen

220 g Mehl
etwas Salz
1 1/2 EL Butter
1 Ei
100 ml Wasser

1 Schinkenschwarte und Markknochen in einen Suppentopf legen. Kohlrabi, Karotten, Petersilienwurzel und Blumenkohl zufügen. Mit der Fleischbrühe auffüllen und zum Kochen bringen. 30–45 Minuten köcheln lassen.

2 Knochen und Schwarte aus der Brühe nehmen. Die Schinkenfleischteile von der Schwarte schneiden und in die Brühe zurückgeben. Porree, Sellerie und Backobst zufügen. Mit Weißweinessig und Zucker süßsauer abschmecken. Das Bohnenkraut zugeben und die Suppe etwa 20 Minuten köcheln lassen.

3 Kurz vor dem Servieren das Bohnenkraut entfernen und die Petersilie in die Suppe geben. Inzwischen in einem kleinen Topf Weißwein mit Wasser aufkochen.

4 Den Aal waschen und in mundgerechte Stücke schneiden. In den Weißwein legen und etwa 10 Minuten dünsten. Dann aus dem Wein nehmen, die Haut abziehen und den Fisch entgräten. Den Aal zusammen mit dem Kochsud in die Suppe geben.

5 Für die Klößchen die Zutaten in einer Schüssel vermischen und zu einem Teig verarbeiten. Aus dem Teig walnussgroße Bällchen formen und diese in einem kleinen Topf 5 Minuten köcheln lassen. Abgießen. Die Suppe mit den Teigklößchen garnieren und servieren.

Linsensuppe

FÜR 4 PERSONEN

250 g braune Linsen, über Nacht eingeweicht, abgespült und abgetropft

2 Zwiebeln, fein gehackt

1 Porreestange, in Ringe geschnitten

1 große Karotte, in Würfel geschnitten

1 Pastinake, in Würfel geschnitten

1 kleine Sellerieknolle, in Würfel geschnitten

1 Selleriestange, in Ringe geschnitten

1 Petersilienwurzel, fein gehackt

1 Bund frische Petersilie, fein gehackt

2 l Gemüse- oder Fleischbrühe

3 EL Butter

3 EL Mehl

Salz und Pfeffer

Weißweinessig, zum Abschmecken

2 Scheiben Speck, in Streifen geschnitten, zum Garnieren

Brot, zum Servieren

1 Linsen, 1 Zwiebel, Porree, Karotte, Pastinake, Sellerie, Petersilienwurzel und gehackte Petersilie in einen großen Topf geben, mit der Brühe aufgießen und etwa 1 1/2 Stunden köcheln lassen, bis die Linsen gar sind.

2 Die Butter in einem kleinen Topf erhitzen und die restliche Zwiebel darin goldgelb dünsten. Das Mehl einrühren und unter Rühren anschwitzen. Etwa 300 ml von der Suppenbrühe abschöpfen und zur Mehlschwitze gießen. So lange rühren, bis die Mehlschwitze angedickt ist. Zu der Suppe gießen und alles gut verrühren. Mit Salz und Pfeffer abschmecken und weitere 30 Minuten leise köcheln lassen. Nach Geschmack etwas Weißweinessig unterrühren.

3 In der Zwischenzeit den Speck in eine Pfanne geben und knusprig anbraten. Die Suppe auf Suppenschüsseln verteilen, mit dem Speck garnieren und mit Brot servieren.

Champignoncremesuppe

FÜR 4 PERSONEN

1 EL Butter

1 Schalotte, fein gehackt

500 g Champignons, in dünne Scheiben geschnitten

3 EL Mehl

750 ml Gemüsebrühe

250 ml Milch

200 g Schlagsahne

Salz und Pfeffer

1 EL frisch gehackte glatte Petersilie, zum Garnieren

Zum Servieren

Bayerische Semmelknödel (s. S. 197, nach Belieben)

Brot

1 Die Butter in einem Topf zerlassen und die Schalotte darin hellbraun anbraten. Die Champignons zugeben und unter Rühren weiterbraten.

2 Den Topf vom Herd nehmen, die Champignons mit 1 Esslöffel Mehl bestäuben, gut verrühren und mit Brühe und Milch ablöschen. Die Suppe 10 Minuten leise köcheln lassen, dabei öfter umrühren, damit sie nicht überkocht.

3 Die Sahne mit 2 Esslöffeln Mehl in einer kleinen Schüssel verquirlen und zur Suppe geben. Nochmals 5 Minuten köcheln lassen (ohne dass sie aufkocht), bis sie eindickt. Mit Salz und Pfeffer abschmecken.

4 Die Suppe auf Schalen verteilen und nach Wunsch in jede Schüssel einen Semmelknödel geben. Mit etwas Petersilie bestreuen und mit Brot servieren.

Tatar

FÜR 4 PERSONEN

300 g Tatar
2 Eigelb
2 TL Olivenöl
30 ml Tomatenketchup
2 Sardellenfilets, fein gehackt
2 TL Kapern, fein gehackt
Pfeffer
Paprikapulver, zum Abschmecken
Worcestersauce, zum Abschmecken
4 Scheiben Brot, Kruste abgeschnitten
Butter

Zum Servieren

4 TL Kaviar (nach Belieben)
4 EL Zwiebeln, fein gehackt
4 Cornichons, in Scheiben geschnitten

1 Das Tatar in eine Schüssel geben und mit Eigelb, Öl, Ketchup, Sardellen und Kapern vermengen. Mit Pfeffer und Paprikapulver würzen. Worcestersauce nach Geschmack zugeben und alles gut verrühren.

2 Das Brot toasten und mit der Butter bestreichen. Das Tatar auf die 4 Brotscheiben verteilen und nach Belieben mit Kaviar garnieren. Gehackte Zwiebeln darüberstreuen. Mit den Cornichonscheiben servieren.

Frikadellen

FÜR 4 PERSONEN

1 Brötchen vom Vortag

500 g Hackfleisch, halb und halb

2 Eier, leicht verquirlt

1 EL frisch gehackte Petersilie

2 Zwiebeln, 1 fein gehackt, 1 in Ringe geschnitten, zum Garnieren

Salz und weißer Pfeffer

1 Prise frisch geriebene Muskatnuss

60 g Butter

1 Das Brötchen in eine Schüssel geben, mit Wasser übergießen und 10 Minuten einweichen lassen.

2 Das Hackfleisch in eine Schüssel geben. Das Brötchen gut ausdrücken, zerpflücken und zum Hackfleisch geben. Eier, Petersilie, gehackte Zwiebel, Salz, Pfeffer und Muskatnuss zufügen und alles gut vermengen.

3 Aus der Masse kleine Bällchen formen und diese etwas flach drücken.

4 Die Butter in einer großen Pfanne bei mittlerer Hitze zerlassen. Einige Frikadellen in die Pfanne geben und etwa 5–7 Minuten anbraten, dabei einmal wenden. Während die restlichen Frikadellen braten, die bereits fertigen auf einen Teller legen und im Ofen warm stellen.

5 Sobald alle Frikadellen gebraten sind, die Zwiebelringe in die Pfanne geben und goldbraun rösten. Die Frikadellen auf einer Servierplatte anrichten, die Zwiebelringe darübergeben und servieren.

Bayerischer Wurstsalat

FÜR 4 PERSONEN

350 g Knackwürstchen oder Lyoner Fleischwurst, in feine Scheiben geschnitten

2 Zwiebeln, fein gehackt

4 EL Pflanzenöl

2 EL Weißweinessig

Salz und Pfeffer

1 TL Zucker (nach Belieben)

2 EL Schnittlauch

Zum Garnieren

4 Gewürzgurken, in Scheiben geschnitten

Rote Bete aus dem Glas, gewürfelt

1 Die Wurstscheiben in eine Schüssel geben. Zwiebeln, Öl, Essig, Salz und Pfeffer zufügen und alles gut vermengen. Die Schüssel abdecken und 1 Stunde im Kühlschrank durchziehen lassen.

2 Den Salat aus dem Kühlschrank nehmen, nach Belieben Zucker und Schnittlauch einrühren. Gewürzgurken und Rote Bete über den Wurstsalat geben und servieren.

Hamburger Fischsalat

FÜR 4 PERSONEN

1 EL Butter

500 g festes Weißfischfilet

125 ml heißes Wasser

5 hart gekochte Eier, 4 in Scheiben geschnitten, 1 geviertelt zum Garnieren

1–2 Gewürzgurken, in dünne Scheiben geschnitten

1 EL Kapern

1 gekochte Rote Bete, gewürfelt

Dressing

30 ml Mayonnaise

30 g saure Sahne

2 TL Zitronensaft

1 TL Senf

frisch geriebene Muskatnuss

Salz und Pfeffer

1 Die Butter in einer Pfanne bei mittlerer Hitze zerlassen, die Fischfilets zugeben und ganz kurz anbraten. Das Wasser zugießen, auf die geringste Hitze herunterschalten und 8–10 Minuten ziehen lassen, bis der Fisch gar, aber noch fest ist. Aus der Pfanne nehmen, abtropfen und etwas abkühlen lassen.

2 Für das Dressing alle Zutaten in einer Schüssel verrühren und mit Salz und Pfeffer abschmecken.

3 Die Fischfilets in 2,5 cm große Würfel schneiden und in eine Schüssel geben. In Scheiben geschnittene Eier, Gewürzgurken, Kapern und Dressing zufügen und 30 Minuten ziehen lassen.

4 Den Salat auf 4 Salatteller verteilen und die Rote Bete darübergeben. Jeweils mit 1 Eiviertel garnieren und servieren.

Ostheimer Leberkäs

FÜR 6 PERSONEN

300 g Schweinefleisch, durch den Fleischwolf gedreht

300 g Kalbsleber, durch den Fleischwolf gedreht

150 g Schweinebauch, das Fett entfernt und in kleine Stücke geschnitten

1 EL Butter, plus etwas mehr zum Einfetten

1 kleine Zwiebel, fein gehackt

1 Knoblauchzehe, zerdrückt

2 EL frisch gehackte glatte Petersilie, plus einige Blätter zum Garnieren

1 EL frisch gehackter Majoran oder 1/2 EL getrockneter Majoran

1/2 Ei

2 EL Weinbrand

Salz und Pfeffer

1 EL Crème fraîche

1 Den Backofen auf 200 °C vorheizen. Das Fleisch in eine große Rührschüssel geben.

2 Die Butter in einer Pfanne zerlassen und Zwiebel und Knoblauch darin anbraten. Zum Fleisch geben. Petersilie, Majoran, Ei und Weinbrand hinzufügen und mit Salz und Pfeffer würzen. Alles gut vermengen. Die Crème fraîche untermischen und alles zu einer gleichmäßigen Masse verarbeiten.

3 Die Masse in eine gefettete Terrinenform geben und im Wasserbad im Ofen 40–60 Minuten backen, bis die Masse auf der Oberseite leicht gebräunt ist.

4 Den Leberkäse aus der Form nehmen und 5 Minuten abkühlen lassen. Anschließend noch heiß in Scheiben schneiden, mit der Petersilie garnieren und sofort servieren.

Krautsalat mit Speck

FÜR 6 PERSONEN

1 Weißkohl (800–900 g)

1 EL Salz

3 EL Zucker

1 EL Pfeffer

80 ml Weißweinessig

4 EL Pflanzenöl

1 TL Kümmelsamen (nach Belieben)

1 Zwiebel, fein gehackt

200 g geräucherter Speck, sehr fein geschnitten

1 Den Kohl halbieren, äußere Blätter und Strunk entfernen und in feine Streifen hobeln.

2 Salz, Zucker, Pfeffer, Essig, 3 Esslöffel Öl und nach Belieben Kümmel in einer Schüssel gut verrühren und über den Kohl geben. Nach Geschmack auch etwas mehr Essig und Öl zugeben.

3 Das übrige Öl in einer Pfanne erhitzen und Zwiebel und Speck darin knusprig anbraten. Über den Krautsalat geben und alles gut vermengen.

4 Den Krautsalat mindestens 2 Stunden ziehen lassen, dabei regelmäßig umrühren. Falls zu viel Flüssigkeit entsteht, kann diese abgegossen werden.

Kartoffelsalat mit Wiener Würstchen

FÜR 6 PERSONEN

1 kg festkochende Kartoffeln

250 ml Fleischbrühe

80 ml Weißweinessig

1 TL scharfer Senf

Salz und Pfeffer

4 EL Sonnenblumenöl

1 Zwiebel, fein gehackt

1 Bund Schnittlauch, fein gehackt (nach Belieben)

12 Wiener Würstchen

1 Die Kartoffeln in einen Topf geben, mit Wasser bedecken und in 20 Minuten gar kochen. Abgießen und abkühlen lassen. Die noch warmen Kartoffeln pellen.

2 Die Fleischbrühe in einen Topf geben und erhitzen. Essig, Senf, Salz und Pfeffer zugeben und verrühren. Vom Herd nehmen.

3 Die warmen Kartoffeln in dünne Scheiben schneiden und in eine große Schüssel geben. Die noch warme Brühe darübergießen. Öl, Zwiebel und nach Belieben Schnittlauch dazugeben, mit Salz und Pfeffer abschmecken und sehr vorsichtig vermengen. Mindestens 30 Minuten ziehen lassen.

4 In der Zwischenzeit die Wiener Wüstchen in einem Topf langsam erhitzen (nicht kochen) und jeweils 2 auf einem Teller anrichten. Mit dem Kartoffelsalat servieren.

Spargel klassisch

FÜR 4 PERSONEN

500 g neue Kartoffeln

1 kg weißer Spargel

1 EL Salz

1 EL Zucker

4 Scheiben gekochter Schinken

Sauce hollandaise

200 g Butter

3 große Eigelb, mit 2 EL Wasser verquirlt

1 TL Zitronensaft

Salz und weißer Pfeffer

1 EL trockener Weißwein

1 Die Kartoffeln in einen Topf geben, mit Wasser bedecken, aufkochen und 20 Minuten garen.

2 Die holzigen Enden vom Spargel entfernen und die Stiele schälen. Jeweils 6 Spargelstangen mit Küchengarn zu einem Päckchen binden.

3 In einem großen Topf reichlich Wasser erhitzen, Salz und Zucker zugeben. Den Spargel zufügen und etwa 10 Minuten köcheln lassen, bis er gar, aber noch nicht zu weich ist.

4 Für die Sauce die Butter in einem kleinen Topf zerlassen. Das Eigelb in eine ofenfeste Schüssel geben und diese auf einen Topf mit heißem Wasser stellen (darauf achten, dass das Wasser nicht kocht, da sonst die Eier stocken). Nun unter Rühren nach und nach die Butter zu den Eiern gießen. So lange rühren, bis die Sauce andickt. Die Sauce vom Herd nehmen und mit Zitrone, Salz, Pfeffer und Wein abschmecken. Beiseitestellen und etwas abkühlen lassen.

5 Das Garn von den Spargelpäckchen entfernen und jedes Päckchen in eine Scheibe Schinken einrollen. Jeweils eine Portion Spargel und ein paar Kartoffeln auf einen Teller geben, mit Sauce hollandaise übergießen und servieren.

Feldsalat mit Speck

FÜR 4 PERSONEN

1 EL Pflanzenöl

100 g durchwachsener Speck, in feine Streifen geschnitten

2 EL Kürbiskerne

200 g Feldsalat

200 g Kirschtomaten, halbiert

frisches Brot, zum Servieren

Dressing

2 EL Weißweinessig

1 EL Himbeeressig

2 EL Walnussöl

2 kleine Zwiebeln, sehr fein gehackt

Salz und grob gemahlener schwarzer Pfeffer

1 Das Öl in einer Pfanne erhitzen. Speck und Kürbiskerne zugeben und anrösten. Mit einem Schaumlöffel aus der Pfanne nehmen und abtropfen lassen.

2 Für das Dressing alle Zutaten in eine kleine Schüssel geben und gut verrühren. Feldsalat und Tomaten in eine große Schüssel geben, mit dem Dressing übergießen und vermengen. Speck und Kürbiskerne darübergeben und mit frischem Brot servieren.

Krabbencocktail

FÜR 4 PERSONEN

60 ml Tomatenketchup

150 g Crème fraîche

1 EL Mayonnaise

1 EL Weinbrand

500 g gekochte kleine Garnelen, ausgelöst

Salz und Pfeffer

4 Zitronenscheiben, zum Garnieren

Zum Servieren

4 Blätter Eisbergsalat

getoastetes Weißbrot

1 Tomatenketchup, Crème fraîche, Mayonnaise und Weinbrand in eine kleine Schüssel geben und gut verrühren.

2 Die Garnelen abspülen und trocken tupfen. In eine Schüssel geben, das Dressing darübergeben und vermengen. Mit Salz und Pfeffer abschmecken.

3 Die Salatblätter jeweils in eine Schale geben und den Krabbencocktail darauf anrichten. Mit einer Zitronenscheibe garnieren und mit Toast servieren.

Seite 58–59: *Die staufische Burg Gutenfels thront auf einem 110 Meter hohen Felsen über dem Rhein. Unterhalb liegt auf einer kleinen Insel die Burg Pfalzgrafenstein, die im 14. Jahrhundert als Zollwache errichtet wurde.*

Heringssalat

FÜR 6 PERSONEN

175 g neue Kartoffeln

250 g Heringsfilet, gewürfelt

120 g gekochte Rote Bete, gewürfelt

1/2 säuerlicher Apfel, geschält, entkernt und gewürfelt

1 kleine Zwiebel, sehr fein gehackt

1 Gewürzgurke, sehr fein gehackt

1 EL Zucker

1 TL Weißweinessig

150 g saure Sahne

Salz und Pfeffer

3 hart gekochte Eier, geviertelt, zum Garnieren

4 Brötchen, zum Servieren

1 Die Kartoffeln in einen Topf geben, mit Wasser bedecken, aufkochen und gar kochen. Abtropfen und etwas abkühlen lassen. Dann pellen und in Scheiben schneiden.

2 Das Heringsfilet in eine Schüssel geben. Kartoffeln, Rote Bete, Apfel, Zwiebel und Gewürzgurke zugeben und vorsichtig vermengen.

3 Zucker, Essig und saure Sahne zufügen, mit Salz und Pfeffer abschmecken und vorsichtig verrühren. Die Schüssel abdecken und den Salat 2–4 Stunden im Kühlschrank ziehen lassen.

4 Den Salat mit den Eivierteln garnieren und zusammen mit den Brötchen servieren.

Obazda

FÜR 4 PERSONEN

250 g reifer Camembert, gewürfelt

3 EL weiche Butter

120 g Frischkäse (Doppelrahmstufe)

1 Zwiebel, sehr fein gehackt

1 EL süßes Paprikapulver, plus etwas mehr zum Bestäuben

1/2 TL Kümmel

Salz und weißer Pfeffer

2–4 EL Malzbier

dunkles Brot oder Brezeln, zum Servieren

1 Camembert und Butter in eine Schüssel geben, mit einer Gabel zerdrücken und vermengen. Frischkäse und Zwiebel zufügen und alles gut verrühren.

2 Paprikapulver und Kümmel zugeben, mit Salz und Pfeffer abschmecken und gut vermischen. Das Bier zugießen und alles glatt rühren. Falls die Masse noch nicht streichfähig sein sollte, etwas mehr Bier zugießen.

3 Die Schüssel abdecken und für 1 Stunde in den Kühlschrank stellen. Den Obazda mit etwas Paprikapulver bestreuen und mit Brot oder Brezeln servieren.

Handkäs mit Musik

FÜR 1 PERSON

1 Harzer Käse oder anderer reifer Sauermilchkäse, etwa 2 cm dick geschnitten

1 EL Sonnenblumenöl

2 EL Weißweinessig

1 kleine Zwiebel, fein gehackt

Zum Servieren

1 Scheibe Schwarzbrot

Butter

1 Den Käse in eine kleine Schüssel legen. Öl, Essig und Zwiebel verrühren und über den Käse gießen. Die Schüssel abdecken und den Käse 2 Stunden bei Zimmertemperatur ziehen lassen.

2 Den Käse aus der Marinade heben und auf einen Teller legen. Die Zwiebelstückchen darüber verteilen und mit Brot und Butter servieren.

Zwiebelkuchen mit Kümmel

FÜR 4 PERSONEN

Teig

2 Päckchen Trockenhefe
2 TL Zucker
125 ml warmes Wasser
120 g zimmerwarme Butter
1 TL Salz
250 ml heiße Milch
600 g Mehl
1 Ei
4 Eigelb
Öl, zum Einfetten

Belag

2 EL Butter
6 Scheiben Schinkenspeck, fein geschnitten
6–10 große Zwiebeln, fein gehackt
Salz
2 EL Kümmelsamen
1 EL Mehl
150 g saure Sahne
2 Eier, leicht verquirlt

1 Hefe und Zucker ins Wasser geben, verrühren und 10 Minuten an einem warmen Ort gehen lassen. Butter, Salz und Milch in einer Schüssel verrühren. Beiseitestellen und etwas abkühlen lassen. Dann 120 g Mehl und die Hefemischung in die Buttermischung einrühren und 30 Minuten gehen lassen. Ei, Eigelb und restliches Mehl zugeben und zu einem weichen Teig vermengen.

2 Den Teig kneten, bis er glatt und elastisch ist. In eine Schüssel geben, abgedecken und 1 Stunde gehen lassen, bis er sein Volumen verdoppelt hat. Dann den Teig nochmals kräftig durchkneten. Eine Tarteform mit Öl einpinseln und den Teig hineindrücken, bis er die Form ausfüllt. Abdecken und 20 Minuten ruhen lassen.

3 Für den Belag die Butter in einer Pfanne zerlassen. Speck, Zwiebeln, etwas Salz und Kümmel zugeben und anbraten. Die Hitze reduzieren und die Zwiebeln glasig dünsten. Erst das Mehl, dann saure Sahne und Eier einrühren und etwas eindicken lassen.

4 Den Backofen auf 200 °C vorheizen. Den Belag auf dem Teig verteilen und 15 Minuten stehen lassen. 30 Minuten im Ofen backen, bis der Belag gestockt und fest ist. In Stücke schneiden und servieren.

Soleier

FÜR 6 PERSONEN

6 Eier

750 ml Wasser

Schalen von 3 großen Zwiebeln

4 EL Salz

10 Pfefferkörner

1/2 TL Wacholderbeeren

2 Lorbeerblätter

3 TL Senfkörner

Zum Servieren

Senf

Gewürzgurken

1 Die Eier in einen Topf mit kaltem Wasser geben, aufkochen und bei mittlerer Hitze 9–10 Minuten köcheln lassen. Die Eier aus dem Topf nehmen und unter fließend kaltem Wasser abschrecken.

2 Das abgemessene Wasser in einen Topf geben. Zwiebelschalen, Salz, Pfefferkörner, Wacholderbeeren, Lorbeerblätter und Senfkörner zufügen und 10 Minuten kochen lassen, bis sich das Wasser bräunlich färbt. Vom Herd nehmen und auskühlen lassen.

3 Die Eier ringsherum leicht anklopfen, damit die Schalen ganz feine Risse bekommen. Dann in ein großes Einmachglas geben und mit der Marinade übergießen. Das Glas gut verschließen und die Soleier mindestens 2 Tage ziehen lassen.

4 Zum Servieren die Eier schälen, halbieren und mit Senf und Gewürzgurken auf eine Platte legen.

Kartoffelpuffer

FÜR 4 PERSONEN

1 kg mehligkochende Kartoffeln, geschält

2 große Zwiebeln

2 Eier

Salz

2 EL Mehl

Pflanzenöl, zum Ausbacken

1 Kartoffeln und Zwiebeln in eine Schüssel reiben. Falls zu viel Flüssigkeit entstanden ist, die Masse in ein sauberes Geschirrtuch geben und ausdrücken. Eier, Salz und Mehl zufügen und gut vermengen.

2 Etwas Öl in einer großen Pfanne erhitzen. Jeweils 1 gehäuften Esslöffel Kartoffelmasse in das heiße Öl geben, mit dem Löffel flach drücken und ausbacken. Nicht zu viele Kartoffelpuffer auf einmal ausbacken, da sonst das Öl zu schnell abkühlt. Einmal wenden und so lange backen, bis die Puffer goldbraun sind. Dann aus der Pfanne nehmen und auf Küchenpapier abtropfen lassen. Fertige Puffer im Ofen warm stellen. Warm servieren.

Pfannkuchen

FÜR 4 PERSONEN

250 g Mehl

1/2 TL Salz

4 Eier

300 ml Milch

100 ml Mineralwasser mit Kohlensäure

Butter, zum Ausbacken

1 Mehl und Salz in eine Schüssel sieben. Die Eier verquirlen, die Milch zugießen und gut verrühren. Zur Mehlmischung geben und alles zu einem glatten Teig verarbeiten. Dann das Mineralwasser unterrühren.

2 In einer Pfanne 2 Esslöffel Butter zerlassen. Ein Viertel des Teigs in die Pfanne geben und diese schwenken, um ihn gut und gleichmäßig zu verteilen.

3 Den Pfannkuchen bei mittlerer Hitze braten, bis er schön goldbraun ist, dann wenden und auf der anderen Seite ausbacken. Auf einen vorgewärmten Teller geben und im vorgeheizten Backofen warm stellen. Die restlichen Pfannkuchen ausbacken, dabei vorher stets etwas Butter in die Pfanne geben. Warm servieren.

FLEISCH & GEFLÜGEL

„Kein Genuss ist vorübergehend, denn der Eindruck, den er zurücklässt, ist bleibend."

Johann Wolfgang von Goethe

Fleisch spielt in der deutschen Küche eine große Rolle. Das zeigt sich insbesondere bei den klassischen Rezepten in diesem Kapitel – es beginnt mit Pichelsteiner Eintopf (Seite 79) mit dreierlei Fleisch: Rind, Lamm und Schwein. Unter der Woche kann man den Hunger mit Gaisburger Marsch (Seite 80) oder Hackbraten (Seite 91) stillen, während sich für Festessen Rinderrouladen mit Rotkohl (Seite 83), Eingemachtes Kalbfleisch (Seite 95) oder Huhn in Riesling (Seite 116) bestens eignen.

Gebratenes Fleisch erscheint regelmäßig auf deutschen Tafeln – vielleicht wollten Sie schon immer einmal wissen, wie man Kasseler mit Püree (Seite 103), Gefüllte Ente (Seite 111) oder Gänsebraten (Seite 120) mit einer Füllung aus Äpfeln und Pflaumen selbst zubereitet. Um eine köstliche knusprige Kruste zu erhalten, darf man nicht vergessen, das Fleisch während des Bratens im Ofen öfters mit dem austretenden Saft zu übergießen.

Einige Gerichte wollen langfristig geplant sein, da das Fleisch mehrere Stunden oder Tage im Voraus marinieren muss. Wildschwein in Burgunder (Seite 100) braucht mindestens 24 Stunden Marinierzeit, Rheinischer Sauerbraten (Seite 84) und Rehschäufele in Wacholderrahm (Seite 99) sogar mindestens 2–3 Tage. Deshalb sollte man eine gute Sonntagsmahlzeit möglichst schon in der Wochenmitte vorbereiten.

Seite 76–77: *Eine Hausfassade in Überlingen am Bodensee.*

Pichelsteiner Eintopf

FÜR 4 PERSONEN

300 g Rindfleisch aus der Schulter, in 2,5 cm große Würfel geschnitten

300 g Lammfleisch, in 2,5 cm große Würfel geschnitten

300 g Schweineschnitzel, in 2,5 cm große Würfel geschnitten

Salz und Pfeffer

1 EL Schweineschmalz

3 Zwiebeln, gehackt

1/2 TL getrockneter Majoran

300 g Kartoffeln, in 2,5 cm dicke Würfel geschnitten

200 g Sellerieknolle, in 2,5 cm große Würfel geschnitten

250 g Karotten, in dicke Scheiben geschnitten

1 Petersilienwurzel, in Scheiben geschnitten

250 g Porree, in Ringe geschnitten

600 ml Rinderbrühe

300 g Wirsing, die äußeren harten Blätter sowie Mittelrippen entfernt und grob gehackt

2 EL frisch gehackte Petersilie, zum Garnieren

1 Das Fleisch großzügig mit Salz und Pfeffer würzen. Das Schmalz in einer großen Pfanne bei mittlerer Hitze zerlassen. Zwiebeln und Fleisch zugeben und unter Rühren anbraten, bis das Fleisch Farbe angenommen hat.

2 Majoran, Kartoffeln, Sellerie, Karotten, Petersilienwurzel und Porree zugeben, die Pfanne abdecken und 15 Minuten bei gelegentlichem Rühren schmoren lassen.

3 Die Brühe zugießen und zum Kochen bringen. Abdecken, die Hitze auf niedrigste Stufe reduzieren und 1 Stunde lang leise köcheln lassen. Den Wirsing zugeben und weitere 30 Minuten köcheln lassen. Nochmals mit Salz und Pfeffer abschmecken, mit Petersilie bestreuen und servieren.

Gaisburger Marsch

FÜR 4 PERSONEN

1 kg Rinderkochfleisch
1 Suppenknochen
2 Markknochen
1 große Zwiebel, mit 4 Nelken gespickt
1 Bund Suppengemüse, grob gehackt
1 Lorbeerblatt
2 TL Salz
10 Pfefferkörner
1,5 l heißes Wasser
450 g Kartoffeln, in grobe Stücke geschnitten
2 Karotten, in Stücke geschnitten
1 Porreestange, in Ringe geschnitten
1 EL Butter
1 große Zwiebel, in Ringe geschnitten
250 g Spätzle, nach Packungsanleitung gegart
Salz und Pfeffer
frisch geriebene Muskatnuss
2 EL frisch gehackte Petersilie, zum Garnieren

1 Fleisch, Knochen, Zwiebel, Suppengemüse, Lorbeer, Salz und Pfefferkörner in einen großen Topf geben. Das Wasser zugießen und zum Kochen bringen. Den Topf bedecken und etwa 1 1/2 Stunden bei geringster Hitze köcheln lassen, dabei gelegentlich den Schaum abschöpfen.

2 Das Fleisch aus dem Sud heben und auf einen Teller legen. Die Suppe durch ein Sieb in eine Schüssel gießen. Knochen und Gemüse wegwerfen. Die Brühe zurück in den Topf geben, Kartoffeln, Karotten und Porree zufügen und aufkochen lassen. Auf mittlere Hitze reduzieren und so lange köcheln lassen, bis die Kartoffeln gar sind.

3 Die Butter in einer Pfanne zerlassen, die Zwiebelringe zugeben und goldbraun braten. Das Fleisch in große Würfel schneiden. Fleisch, Zwiebelringe und Spätzle zur Brühe in den Topf geben. Mit Salz, Pfeffer und Muskatnuss abschmecken und nochmals kurz aufkochen lassen. Mit Petersilie bestreuen und heiß servieren.

Rinderrouladen mit Rotkohl

FÜR 4 PERSONEN

4 Rinderrouladen

Salz und Pfeffer

2 TL Paprikapulver

3 EL Dijon-Senf

4 Scheiben Schinkenspeck

2 Zwiebeln, 1 fein gehackt, 1 in dünne Ringe geschnitten

50 g Butterschmalz

2 Karotten, halbiert und in Scheiben geschnitten

1 Selleriestange, in dünne Scheiben geschnitten

1 EL Tomatenmark

100 ml Rotwein

350 ml Fleischbrühe

Zum Servieren

Apfelrotkohl (s. S. 177)

Kartoffelklöße (s. S. 173, nach Belieben)

1 Die Rinderrouladen ausbreiten und mit Salz, Pfeffer und Paprikapulver würzen. Dann jeweils auf einer Seite mit Senf bestreichen und mit 1 Scheibe Schinken belegen. Die gehackte Zwiebel darauf verteilen, das Fleisch aufrollen und mit Küchengarn zusammenbinden.

2 Das Butterschmalz in einer großen Pfanne erhitzen und die Rouladen darin von allen Seiten scharf anbraten. Sobald sie von allen Seiten gut gebräunt sind, die Rouladen aus der Pfanne nehmen und den größten Teil des Fettes abgießen. Nun Gemüse und Zwiebelringe in die heiße Pfanne geben und kurz anbraten. Das Tomatenmark unterrühren und kurz mitbraten. Mit dem Rotwein ablöschen und den Bratensatz von der Pfanne lösen. Die Brühe zugießen und aufkochen lassen. Dann die Rouladen wieder in die Pfanne geben, die Hitze auf geringste Stufe reduzieren und alles etwa 1 1/2 Stunden köcheln lassen, bis das Fleisch gar ist.

3 Die Sauce nach Belieben mit dem Pürierstab bearbeiten. Die Rouladen mit Rotkohl und nach Belieben mit Klößen servieren.

Rheinischer Sauerbraten

FÜR 8 PERSONEN
2 kg magerer Rinderschmorbraten
Salz und Pfeffer
4 EL Butterschmalz
100 g Rosinen
2 EL Zuckerrübenkraut

Marinade
750 ml trockener Rotwein
250 ml Rotweinessig
250 ml Wasser
2 große Zwiebeln, in Ringe geschnitten
1 Bund Suppengemüse, gehackt
2 Lorbeerblätter
2 Nelken
1 TL Senfkörner
1 TL schwarze Pfefferkörner, leicht zerdrückt
1 TL Wacholderbeeren, leicht zerdrückt
3 Pimentkörner, leicht zerdrückt

Zum Servieren
Kartoffelklöße (s. S. 173)
Apfelrotkohl (s. S. 177)

1 Für die Marinade alle Zutaten in einen Topf geben, kurz aufkochen und abkühlen lassen. Das Fleisch in die Flüssigkeit legen und darauf achten, dass es gut bedeckt ist. Die Schüssel abdecken und mindestens 2 Tage oder bis zu 1 Woche an einem kühlen Ort marinieren. Dabei das Fleisch mehrmals in der Marinade wenden und darauf achten, dass es gut bedeckt bleibt.

2 Das Fleisch aus der Marinade nehmen, trocken tupfen und salzen und pfeffern. Die Marinade durch ein Sieb in eine Schüssel seihen. Gemüse und Gewürze beiseitestellen.

3 Das Butterschmalz in einem großen Bräter erhitzen und das Fleisch von allen Seiten scharf anbraten. Dann Gemüse und Gewürze aus der Marinade zugeben. Nach und nach die Marinade zugießen und den Bratensatz vom Boden lösen. Den Bräter abdecken. Die Hitze auf kleinste Stufe reduzieren und 2 Stunden köcheln lassen, bis das Fleisch gar ist. Das Fleisch herausheben, auf einer Platte anrichten und in Scheiben schneiden. Die Sauce durch ein Sieb passieren. Dann nochmals in den Bräter geben, Rosinen und Rübenkraut einrühren, mit Salz und Pfeffer würzen und etwas einkochen.

4 Den Sauerbraten mit der Sauce sowie Rotkohl und Klößen servieren.

Gulasch

FÜR 4 PERSONEN

750 g Rinder- oder Kalbsgulasch

Salz und Pfeffer

3 EL Butterschmalz

1 kleine Dose Tomatenmark

500 g Zwiebeln, grob gehackt

2 Karotten, in Scheiben geschnitten

450 g Kartoffeln, in dicke Scheiben geschnitten

1–2 EL Paprikapulver edelsüß

1 TL Cayennepfeffer

250 ml Rotwein

400 ml Rinderbrühe

1 Lorbeerblatt

2 EL frisch gehackte Petersilie, zum Garnieren

Brot, zum Servieren

1 Das Fleisch in eine Schüssel geben, mit Salz und Pfeffer würzen und gut vermengen. Das Butterschmalz in einem Bräter erhitzen und das Fleisch darin scharf anbraten. Das Fleisch aus dem Bräter nehmen und beiseitestellen. Das Tomatenmark in den Bräter geben und kurz anbraten, dann Zwiebeln, Karotten und Kartoffeln zufügen und unter Rühren weitergaren.

2 Das Fleisch hinzugeben, mit Paprika und Cayennepfeffer bestäuben und gut verrühren. Dann mit Rotwein und Brühe ablöschen und das Lorbeerblatt zugeben. Den Topf abdecken und die Hitze auf die geringste Stufe reduzieren. Mindestens 1 1/2 Stunden köcheln lassen, bis das Fleisch ganz zart ist.

3 Nochmals mit Salz, Paprikapulver oder Cayennepfeffer abschmecken, mit der Petersilie garnieren und mit Brot servieren.

Berliner Kalbsleber

FÜR 4 PERSONEN

4 Scheiben Kalbsleber (à 150 g)

2 EL Mehl

50 g Butter

Salz und frisch gemahlener weißer Pfeffer

2 große Zwiebeln, in Ringe geschnitten

2 Äpfel, geschält, entkernt, halbiert und in Scheiben geschnitten

Zum Servieren

Apfelrotkohl (s. S. 177)

Kartoffelpüree (s. S. 103)

1 Die Leber häuten, wässern und die Fasern herausschneiden. Anschließend trocken tupfen und in dem Mehl wenden. Die Hälfte der Butter in einer Pfanne erhitzen, die Leber zugeben und bei mittlerer Hitze von beiden Seiten goldbraun anbraten, innen sollte sie noch rosa sein. Dabei mit Salz und Pfeffer würzen. Die Leber herausnehmen, auf einen Teller geben, abdecken und warm stellen.

2 Die übrige Butter in die Pfanne geben und erhitzen. Die Zwiebelringe hineingeben, salzen, pfeffern und goldgelb anbraten. Mit einem Schaumlöffel aus der Pfanne nehmen, auf einen Teller geben und beiseitestellen.

3 Nun die Apfelscheiben in die Pfanne geben, kurz anbraten und vom Herd nehmen. Die Leber auf Tellern anrichten, mit den Apfelscheiben und Zwiebeln belegen und mit Rotkohl und Kartoffelpüree servieren.

Hackbraten

FÜR 4 PERSONEN

- 2 EL Butter
- 1 große Zwiebel, fein gehackt
- 1 Knoblauchzehe, fein gehackt
- 800 g gemischtes Hackfleisch (vom Rind, Schwein und Kalb)
- 4 EL frisch gehackte Petersilie, plus etwas mehr zum Garnieren
- 2 Eier, leicht verquirlt
- 120 g Weißbrot vom Vortag, in Würfel geschnitten, in etwas Milch eingeweicht und gut ausgedrückt
- Salz und Pfeffer
- 1/4 TL frisch geriebene Muskatnuss
- 1 TL frisch gehackter Thymian
- Mehl, zum Bestäuben
- 2 EL Butterschmalz
- 100 g durchwachsener Speck, in Scheiben geschnitten
- 300 ml Rinder- oder Gemüsebrühe
- 125 g saure Sahne
- 2 TL Speisestärke, in 2 TL Wasser aufgelöst (nach Bedarf)

1 Die Butter in einer Pfanne erhitzen und die Zwiebel darin glasig dünsten. Den Knoblauch zugeben und kurz mit andünsten. Vom Herd nehmen und abkühlen lassen.

2 Den Backofen auf 200 °C vorheizen. Das Hackfleisch in eine Schüssel geben und mit Zwiebel-Knoblauch-Mischung, Petersilie, Eiern und Brot gut vermengen. Mit Salz, Pfeffer, Muskatnuss und Thymian kräftig würzen und zu einem Braten formen. Rundum mit etwas Mehl bestäuben. In einem Schmortopf mit Deckel das Butterschmalz zerlassen und den Hackbraten vorsichtig rundum anbraten.

3 Die Oberseite des Hacklaibes mit den Speckscheiben belegen. Mit 200 ml Brühe aufgießen, in den Ofen stellen, abdecken und 40 Minuten schmoren lassen, dabei gelegentlich mit dem Bratensaft übergießen. Dann die restliche Brühe zufügen, den Deckel entfernen und weitere 20 Minuten schmoren.

4 Den Braten aus dem Topf nehmen und den Bratensatz durch Rühren vom Boden lösen. Die saure Sahne zugeben und mit der Sauce verrühren. Falls die Sauce zu dünn ist, mit der Speisestärke andicken. Den Hackbraten in dicke Scheiben schneiden, mit etwas Petersilie garnieren und mit der Sauce servieren.

Kohlrouladen

FÜR 4 PERSONEN

1 kleiner Wirsing, etwa 800 g, die äußeren Blätter entfernt (ersatzweise Weißkohl)
1 Schüssel Eiswasser
3 EL Butter
500 ml Rinderbrühe
150 g Créme fraîche oder Schmand
Salz und Pfeffer
1–2 TL Speisestärke (nach Bedarf)
frisch gekochte Salzkartoffeln, zum Servieren

Füllung

500 g Hackfleisch, halb und halb
Salz und Pfeffer
120 g Langkornreis, fast gar gekocht und abgetropft
1 große Zwiebel, fein gehackt
2 EL frisch gehackte Petersilie

1 Für die Füllung alle Zutaten in eine Schüssel geben, gut vermengen und beiseitestellen.

2 Vom Wirsing vorsichtig 12 Blätter ablösen. Einen großen Topf zur Hälfte mit Salzwasser füllen und zum Kochen bringen. Die Wirsingblätter darin etwa 2 Minuten blanchieren, in Eiswasser abschrecken und abtropfen lassen.

3 Jeweils 1 Wirsingblatt auf die Arbeitsfläche legen. 1 gehäuften Esslöffel der Füllung auf das Blattende geben, die Seiten in die Mitte schlagen und fest aufrollen. Mit den übrigen Blättern wiederholen.

4 Die Butter in einem großen Topf erhitzen und die Rouladen mit der Nahtseite nach unten in den Topf legen und etwa 3 Minuten anbraten. Dann die Rouladen wenden und nochmals 3 Minuten anbraten. Mit der Brühe übergießen, die Hitze reduzieren und etwa 45 Minuten köcheln lassen, bis alles gar ist.

5 Die Rouladen aus dem Topf nehmen, auf einen Teller legen und warm stellen. Créme fraîche oder Schmand in die Brühe einrühren und mit Salz und Pfeffer abschmecken. Falls die Sauce zu dünn ist, die Speisestärke mit 2 Esslöffeln Brühe anrühren, in die Sauce geben und gut verrühren. Die Wirsingrouladen auf einem Teller anrichten, mit Sauce übergießen und servieren. Dazu passen Salzkartoffeln.

Eingemachtes Kalbfleisch

FÜR 4 PERSONEN

800 g Kalbfleisch aus der Schulter, in 2,5 cm große Würfel geschnitten

Salz und Pfeffer

3 EL Butterschmalz

1 Zwiebel, fein gehackt

1 Bund Suppengemüse, grob gehackt

250 ml Kalbsbrühe

1 Lorbeerblatt

3 Nelken

200 g Schlagsahne

2 EL Butter

2 EL Mehl

1 EL Kapern

2 Eigelb

Zucker, zum Abschmecken

Kartoffelpüree (s. S. 103), zum Servieren

1 Das Fleisch in eine Schüssel geben, gut mit Salz und Pfeffer würzen. Das Butterschmalz in einer großen Pfanne erhitzen, das Fleisch zugeben und scharf anbraten. Das Fleisch aus der Pfanne nehmen und beiseitestellen.

2 Zwiebel und Suppengemüse in die heiße Pfanne geben und ein paar Minuten dünsten. Das Fleisch wieder zufügen, nochmals erhitzen und mit der Brühe ablöschen. Lorbeerblatt und Nelken zugeben und den Topf abdecken. Die Hitze reduzieren und etwa 45 Minuten unter gelegentlichem Rühren schmoren lassen, bis das Fleisch ganz zart ist. Lorbeerblatt und Nelken entfernen, die Sahne einrühren und etwas einkochen lassen.

3 In einem kleinen Topf aus Butter und Mehl eine Mehlschwitze herstellen. In den Fleischtopf geben und die Sauce damit binden. Die Kapern zugeben. Nun das Eigelb einrühren und mit Salz, Pfeffer und etwas Zucker abschmecken. Mit dem Kartoffelpüree servieren.

Jägerschnitzel

FÜR 4 PERSONEN

4 große Kalbsschnitzel (à 175 g)

Salz und Pfeffer

2 Eier, verquirlt

200 g Semmelbrösel

4 EL Mehl

4 EL Sonnenblumenöl

frisch gekochte, halbierte neue Kartoffeln, nach Wunsch angebraten, zum Servieren

Jägersauce

1 EL Butter

1 große Zwiebel, fein gehackt

450 g braune Champignons, in dünne Scheiben geschnitten

2 EL Tomatenmark

250 ml Wasser

250 ml Weißwein

1 Prise getrockneter Thymian

2 TL Paprikapulver

Salz und Pfeffer

2 EL frisch gehackte Petersilie

60 g Schlagsahne

1 Mit einem Fleischklopfer die Schnitzel etwas plattieren und mit Salz und Pfeffer würzen. In einen tiefen Teller die verquirlten Eier geben, auf einem weiteren Teller Semmelbrösel und Mehl verrühren. Die Schnitzel zuerst durch die Eier, dann durch die Mehlmischung ziehen.

2 Das Öl in einer Pfanne erhitzen und die Schnitzel darin 4–5 Minuten braten, dabei einmal wenden. Aus der Pfanne nehmen und auf Küchenpapier abtropfen lassen. Abdecken und warm stellen.

3 Für die Sauce die Butter in derselben Pfanne zerlassen und die Zwiebel darin goldbraun anbraten. Die Pilze zufügen und so lange braten, bis sie gar sind. Das Tomatenmark einrühren und Wasser und Wein zugießen. Thymian und Paprikapulver zugeben und mit Salz und Pfeffer würzen. Aufkochen, die Hitze reduzieren und die Sauce 5 Minuten köcheln lassen, bis sie etwas andickt.

4 Petersilie und Sahne einrühren. Die Schnitzel auf Tellern mit den Kartoffeln anrichten und mit der Jägersauce servieren.

Rehschäufele in Wacholderrahm

FÜR 4 PERSONEN

1 kg Rehschäufele (entbeint)

Salz und Pfeffer

3 EL Öl

500 g Suppengemüse, grob gehackt

500 g Tomaten

100 g Mehl

250 ml Brühe

200 g saure Sahne

2 EL Doppelwacholder

frische Brunnenkresse oder Petersilie, zum Garnieren

Marinade

700 ml Rotwein

1 Lorbeerblatt

4 Gewürznelken

5 Pfefferkörner

1/2 TL Thymian

1/2 TL Rosmarin

1 Für die Marinade alle Zutaten in eine große Schüssel geben. Das Fleisch hineinlegen und mindestens 3 Tage im Kühlschrank marinieren. Mehrfach wenden und darauf achten, dass das Fleisch immer bedeckt ist.

2 Den Backofen auf 200 °C vorheizen. Das Fleisch aus der Marinade nehmen, gut abtropfen lassen und die Marinade aufbewahren. Das Fleisch mit Salz und Pfeffer würzen. In einem Bräter das Öl erhitzen und das Fleisch darin scharf anbraten. Nun das Suppengemüse und die Tomaten zugeben. Den Braten mit dem Mehl bestäuben, mit der Rotweinmarinade ablöschen und die Brühe zugießen. In den Ofen geben und 45 Minuten oder so lange schmoren, bis das Fleisch gar ist. Dann aus dem Ofen nehmen, das Fleisch in Alufolie eingewickelt auf eine Servierplatte legen und 10 Minuten ruhen lassen.

3 Für die Sauce den Bratensatz lösen, die saure Sahne einrühren und mit Salz, Pfeffer und Doppelwacholder abschmecken. Den Braten mit Brunnenkresse oder Petersilie garnieren und servieren.

Wildschwein in Burgunder

FÜR 4 PERSONEN

1,3 kg Wildschweinbraten ohne Knochen

Salz und frisch gemahlener weißer Pfeffer

4 EL Sonnenblumenöl

1 EL Speisestärke, in 1 EL Wasser aufgelöst

frisch gekochter Wirsing, zum Servieren

Marinade

1 Bund Suppengemüse, grob gehackt

1 große Zwiebel, grob gehackt

3 Stängel frischer Thymian, fein gehackt

1 TL Pfefferkörner

2 Lorbeerblätter

1 TL Wacholderbeeren

125 ml Rotweinessig

750 ml roter Burgunder

1 Den Braten in eine große Schüssel legen, alle Zutaten für die Marinade zugeben und darauf achten, dass das Fleisch gut bedeckt ist. Die Schüssel abdecken und mindestens 24 Stunden, besser aber 3 Tage im Kühlschrank marinieren. Dabei zweimal am Tag das Fleisch wenden.

2 Das Fleisch aus der Marinade nehmen, trocken tupfen und mit Salz und Pfeffer würzen. Die Marinade durch ein Sieb in eine Schüssel passieren. Gemüse und Gewürze wegwerfen. Den Backofen auf 200 °C vorheizen.

3 Das Öl in einem Bräter erhitzen und das Fleisch darin von allen Seiten scharf anbraten. Mit der Marinade ablöschen, die Hitze auf die geringste Stufe reduzieren und den Bräter abdecken. Etwa 2 Stunden köcheln lassen, bis das Fleisch zart ist. In dicke Scheiben schneiden und auf einer Servierplatte mit dem gekochten Wirsingkohl anrichten.

4 Die Schmorflüssigkeit durch ein Sieb passieren, abschmecken und mit der Speisestärke binden. Als Sauce zum Fleisch servieren.

Kasseler mit Püree

FÜR 6 PERSONEN

1 kg Kasseler-Rücken, vom Metzger ausgelöst

1 Zwiebel, fein gehackt

2 TL Speisestärke, in 2 TL Wasser aufgelöst

3 EL Semmelbrösel, in 1 EL Butter angebräunt

frisches Brot, zum Servieren

Kartoffelpüree

900 g Kartoffeln

Salz

250 ml heiße Milch

2 EL Butter

Pfeffer

frisch geriebene Muskatnuss

1 Den Backofen auf 190 °C vorheizen. Den Kasseler mit der Fettseite nach oben auf ein tiefes Backofenblech legen. Die Zwiebel rundherum verteilen und gerade so viel Wasser zugießen, dass der Boden des Bleches bedeckt ist. 1 1/2 Stunden im Ofen rösten, bis das Fleisch gar ist. Dabei immer wieder etwas Wasser zugießen.

2 Die Kartoffeln in einen großen Topf geben und mit Wasser bedecken. Salz zugeben und aufkochen. So lange kochen, bis die Kartoffeln gar sind. Dann das Wasser abgießen und die Kartoffeln pellen. Zurück in den Topf geben und mit einem Kartoffelstampfer zerstampfen. Milch und Butter zugeben und verrühren. Mit Salz, Pfeffer und Muskatnuss abschmecken.

3 Das Fleisch aus dem Ofen nehmen und 10 Minuten abkühlen lassen. Etwas Wasser auf das Backblech gießen und den Bratensatz lösen. Den Bratensatz in einen kleinen Topf geben und erhitzen. Die Speisestärke einrühren und so lange unter Rühren köcheln lassen, bis alles etwas eindickt. Dann mit Salz und Pfeffer abschmecken.

4 Den Kasseler in Scheiben schneiden und mit der Sauce und dem Kartoffelpüree auf Tellern anrichten. Mit den Semmelbröseln bestreuen und mit frischem Brot servieren.

Schweinebraten mit Rosenkohl

FÜR 4 PERSONEN

1,5 kg Schweinerollbraten mit Schwarte

2 EL Sonnenblumenöl

Salz und Pfeffer

1 TL Kümmelsamen

4 Zwiebeln, fein gehackt

2 Karotten, in dünne Scheiben geschnitten

1 Porreestange, in Ringe geschnitten

125 ml dunkles Bier

125 ml Wasser

4 TL Speisestärke, in etwas Wasser aufgelöst

150 g Schlagsahne (nach Belieben)

frisch gekochter Rosenkohl, zum Servieren

1 Den Schweinebraten mit Öl, Salz, Pfeffer und Kümmel einreiben und 15–30 Minuten ziehen lassen.

2 Den Backofen auf 180 °C vorheizen. Zwiebeln, Karotten und Porree in einen Bräter geben. Das Fleisch mit der Schwarte nach unten darauflegen und mit Bier und Wasser aufgießen. Etwa 1 Stunde im Ofen garen. Gegebenenfalls etwas Wasser nachgießen.

3 Aus dem Ofen nehmen, das Fleisch umdrehen und die Schwarte rautenförmig einschneiden. Die Hitze auf 160 °C reduzieren. Mit der Schwarte nach oben etwa 45 Minuten garen. Dabei nochmals etwas Wasser zugießen. Falls die Schwarte nach Ende der Garzeit noch nicht knusprig genug ist, den Ofen auf 250 °C hochschalten und den Braten weitere 10 Minuten knusprig backen.

4 Den Braten aus dem Ofen nehmen und warm stellen. Den Bratensatz mit etwas Wasser ablöschen, lösen und durch ein Sieb in einen Topf streichen. Die Speisestärke einrühren und die Sauce etwas eindicken. Nach Geschmack Schlagsahne zugeben. Den Braten auf einer Servierplatte anrichten. Mit der Sauce und Rosenkohl servieren.

Bratwurst mit bayerischem Kraut

FÜR 4 PERSONEN

1 Weißkohl (etwa 1 kg)

2 EL Schweineschmalz

1 EL Zucker

1 große Zwiebel, fein gehackt

500 ml Fleischbrühe, nach Bedarf etwas mehr

Pfeffer

1 TL Kümmelsamen

Salz

2–3 EL Weißweinessig

1 EL Butterschmalz

4 Bratwürste

1 Den Weißkohl halbieren, den Strunk herausschneiden und den Kohl entweder mit dem Krauthobel in Streifen oder einem Messer in Rauten schneiden.

2 Das Schweineschmalz in einem Topf erhitzen, den Zucker zugeben und ganz kurz anrösten. Die Zwiebel zufügen und kurz anbraten. Den Kohl unterheben und mit der Fleischbrühe ablöschen. Etwas Pfeffer und Kümmel zugeben und unter mehrmaligem Rühren etwa 1 Stunde bei geringer Hitze köcheln lassen. Dabei nach Bedarf noch etwas Wasser oder Fleischbrühe nachgießen, damit nichts anbrennt. Sobald das Kraut weich ist, mit Salz und Essig würzen.

3 Das Butterschmalz in einer Pfanne bei mittlerer Hitze zerlassen und die Bratwürste rundum etwa 3 Minuten anbraten.

4 Das bayerische Kraut auf Tellern anrichten, die Bratwürste darüberlegen und servieren.

Seite 108-109: *Die Sächsische Schweiz verdankt ihren Namen zwei Schweizer Künstlern, die sich in dieser Gegend an ihre Heimat, den Jura, erinnert fühlten.*

Königsberger Klopse

FÜR 4 PERSONEN

1 EL Butter
2 kleine Zwiebeln, gehackt
500 g Kalbshack oder Hackfleisch, halb und halb
2 Brötchen vom Vortag, in Stücke geschnitten, in Wasser eingeweicht und gut ausgedrückt
1 Ei
3 EL Semmelbrösel
abgeriebene Schale von 1/2 Zitrone
3–4 Sardellenfilets, gehackt
1 1/2 TL frisch gehackter Majoran
Salz und weißer Pfeffer
frisch gekochte Bandnudeln, Kartoffeln oder Reis, zum Servieren

Brühe

1 l Fleischbrühe
1 Lorbeerblatt
1 TL Piment
1 Zwiebel, geviertelt

Sauce

2 EL Butter
2 EL Mehl
100 ml Weißwein
1 EL mittelscharfer Senf
3 EL kleine Kapern
2 EL Zitronensaft
1 Prise Zucker
100 g Schmand
2 Eigelb

1 Für die Klopse die Butter in einer Pfanne zerlassen und die Zwiebeln darin glasig dünsten. In eine Schüssel füllen. Fleisch, Brötchen, Ei, Semmelbrösel, Zitronenschale, Sardellen und Majoran zugeben, mit Salz und weißem Pfeffer würzen und vermengen, bis eine geschmeidige Masse entsteht. Daraus Klopse formen und beiseitestellen.

2 Für die Brühe alle Zutaten in einen großen Topf geben und aufkochen lassen, dann die Hitze reduzieren. Die Klopse in die Brühe geben und 10–15 Minuten bei schwacher Hitze garen. Vom Herd nehmen und mit einem Schaumlöffel die Klopse aus der Brühe nehmen und warm stellen. Die Brühe in eine Schüssel abseihen und 500 ml aufbewahren.

3 Für die Sauce die Butter in einem Topf zerlassen, das Mehl einrühren und anschwitzen. Mit Brühe und Wein ablöschen und Senf, Kapern, Zitronensaft und Zucker einrühren. Die Hitze auf geringste Stufe reduzieren, den Schmand zugeben und 5 Minuten ziehen lassen. Die Hitze abschalten. Das Eigelb mit etwas Wasser verquirlen, in den nicht mehr kochenden Sud geben und gut verrühren. Mit Salz und weißem Pfeffer abschmecken.

4 Die Klopse in die Sauce geben und etwa 10 Minuten ziehen lassen. Mit Bandnudeln, Kartoffeln oder Reis servieren.

Huhn in Riesling

FÜR 4 PERSONEN

70 g Butter

1 küchenfertige Poularde, in 8 Portionsstücke zerteilt

Salz und Pfeffer

1 Zwiebel, fein gehackt

200 g Champignons, in Scheiben geschnitten

350 ml Riesling

1 Zweig frischer Thymian

50 g saure Sahne

Zitronensaft, zum Abschmecken

frisch gehackter Estragon, zum Abschmecken

frisch gekochter Reis, zum Servieren

1 Die Butter in einer Pfanne erhitzen. Die Hähnchenstücke salzen und pfeffern und in die Pfanne geben. Von allen Seiten goldbraun anbraten. Aus der Pfanne nehmen und beiseitestellen.

2 Zwiebel und Champignons in die noch heiße Pfanne geben und 5 Minuten andünsten. Die Hähnchenstücke wieder zugeben und mit dem Riesling ablöschen. Den Thymianzweig zufügen und auf geringe Hitze reduzieren. Die Pfanne abdecken und das Hähnchen 30 Minuten köcheln lassen.

3 Die Hähnchenstücke aus der Pfanne nehmen und warm stellen. Den Bratensaft etwas einkochen, die saure Sahne einrühren und mit Zitronensaft, Salz, Pfeffer und Estragon abschmecken. Die Pfanne vom Herd nehmen und die Hähnchenstücke in die Sauce geben. Ein paar Minuten ziehen lassen und mit Reis servieren.

Hühnerfrikassee

FÜR 6 PERSONEN

1 Suppenhuhn (etwa 1,5 kg)
1 große Zwiebel, geviertelt
1 Bund Suppengemüse, grob gehackt
5 Pfefferkörner
1 Lorbeerblatt
1/2 TL Salz
3 EL Butter
3 EL Mehl
150 ml Milch
100 g Champignons, in Scheiben geschnitten und kurz angedünstet
100 g Erbsen, Tiefkühlware aufgetaut
100 g Spargelstücke aus dem Glas, abgetropft
2 Eigelb
60 g Schlagsahne
Zitronensaft, zum Abschmecken
Salz und Pfeffer
frisch gekochter Reis, zum Servieren

1 Das Huhn mit Zwiebel, Suppengemüse, Pfefferkörnern, Lorbeerblatt und Salz in einen großen Topf geben, mit Wasser bedecken und aufkochen lassen. Dabei den entstehenden Schaum abschöpfen. Dann die Hitze auf geringste Stufe reduzieren und alles 1 1/2 Stunden köcheln lassen.

2 Das Huhn aus der Brühe nehmen, von Haut und Knochen befreien und in mundgerechte Stücke zerteilen. Die Brühe durch ein Sieb in eine Schüssel passieren. 400 ml Brühe zurück in den Topf geben und warm halten. Gemüse und Gewürze wegwerfen.

3 Die Butter in einem kleinen Topf zerlassen, das Mehl einrühren und anschwitzen. Mit der Milch und der zurückbehaltenen warmen Brühe ablöschen und alles unter Rühren aufkochen lassen, bis die Sauce etwas andickt. Die Hitze reduzieren und Hühnerfleisch, Champignons, Erbsen und Spargelstücke zugeben. Ein paar Minuten köcheln lassen und dann vom Herd nehmen.

4 Das Eigelb mit der Schlagsahne verrühren und langsam unter Rühren in das nicht mehr kochende Frikassee geben. Mit Zitronensaft, Salz und Pfeffer abschmecken. Mit Reis servieren.

Gefüllter Gänsebraten

FÜR 4–6 PERSONEN

1 küchenfertige Gans (etwa 3,5 kg), mit Gänseklein

1 Zitrone, halbiert

Salz und Pfeffer

1 Zwiebel, geschält und mit 3 Nelken gespickt

1 Karotte

1 Lorbeerblatt

Sauerkraut (s. S. 180), zum Servieren

Füllung

175 g getrocknete Pflaumen, eingeweicht, abgetropft und in Stücke geschnitten

3 Kochäpfel, geschält, entkernt und in Spalten geschnitten

220 g trockenes Schwarzbrot, gerieben

2 EL Zucker

1/2 Bund frischer Thymian, fein gehackt

1 Das Fett aus dem Inneren der Gans entfernen, ausspülen und trocken tupfen. Innen mit den Zitronenhälften einreiben und mit Salz und Pfeffer würzen.

2 Gespickte Zwiebel, Gänseklein, Karotte und Lorbeerblatt in einen Topf geben. Mit Wasser bedecken und 1 1/2 Stunden köcheln lassen.

3 Inzwischen den Backofen auf 200 °C vorheizen. Die Zutaten für die Füllung verrühren und in das Innere der Gans drücken. Die Öffnung mit Küchengarn verschnüren. Die Haut unterhalb der Keulen und Flügel mit einer Gabel einstechen. Die Gans mit der Brustseite nach unten in einen Bräter geben. Mit 250 ml kochendem Wasser übergießen und in den Ofen schieben.

4 Das Fleisch 45 Minuten braten. Dabei immer wieder mit dem eigenen Saft übergießen.

5 Die Hitze auf 160 °C reduzieren und eine weitere Stunde braten. Die Gans wenden, die Brust mit dem Bratensaft begießen und in 20 Minuten knusprig braten. Aus dem Ofen nehmen und kurz ruhen lassen.

6 Die Gänsekleinmischung durch ein Sieb in einen Topf abgießen und die Brühe erwärmen. Gänseklein und Gemüse wegwerfen. Den Bratensaft aus dem Bräter schöpfen und zur Brühe geben. Unter Rühren köcheln lassen, bis die Sauce reduziert ist. Die Gans mit Sauerkraut und Sauce servieren.

FISCH & MEERESFRÜCHTE

„Der Fisch will dreimal schwimmen: in Wasser, Schmalz und Wein."

Deutsches Sprichwort

Deutschland liegt sowohl an der Nord- als auch an der Ostsee. Viele Salzwasserfische werden dort in die Küstenstädte geliefert und in köstliche Gerichte verwandelt. Hamburger Fischspeise (Seite 132) hat eine knusprige Semmelbröselkruste und wird mit einer cremigen Sahnesauce serviert, und Schellfisch mit Senfsauce (Seite 138) sieht mit seiner Garnierung aus Ei und Kapern äußerst verlockend aus.

Auch Hering ist sehr beliebt, sowohl „getaucht" in eine Marinade aus Kräutern und Lorbeerblättern als auch „grün" und frisch serviert. Labskaus (Seite 148) verbindet Salzhering und Rote Bete mit Corned Beef und Kartoffeln zu einem sättigenden Gericht, das jeden Seemann – und jede Landratte – glücklich macht.

Süßwasserfisch wird auf verschiedenste Weise zubereitet. Gefüllter Hecht (Seite 159) ist eine Spezialität, und das zarte Fleisch der Forelle schmeckt herrlich in einer Sauce aus Schlagsahne oder in Weißwein mit Thymian, Zitronenmelisse und Petersilie. Forelle und Karpfen serviert man gern „blau" – eine Substanz auf der Haut des Fisches reagiert mit Essig und erzeugt eine intensiv blaue Farbe.

Seite 126–127: *Das Wahrzeichen des Ostseebads Sellin: die Seebrücke mit dem Restaurant auf dem Brückenkopf.*

Matjes mit Pellkartoffeln

FÜR 4 PERSONEN

300 ml Weißweinessig

250 ml Apfelsaft

250 g weißer Kandis

3 EL mittelscharfer Senf

30 g Senfkörner

4 Zwiebeln, in Ringe geschnitten

12 Matjesfilets

1 Bund Dill

frisch gekochte Pellkartoffeln, zum Servieren

1 Essig, Apfelsaft, Kandis, Senf und Senfkörner in einen Topf geben und etwa 5 Minuten kochen lassen. Die Zwiebeln zugeben und kurz mitkochen. Den Topf vom Herd nehmen und den Sud abkühlen lassen.

2 Die Matjesfilets in eine Schüssel geben und mit dem Sud übergießen. Darauf achten, dass der Fisch gut bedeckt ist. Die Schüssel abdecken, in den Kühlschrank stellen und 24 Stunden marinieren. Dazu Pellkartoffeln reichen.

Kräuterforelle in Weißwein

FÜR 4 PERSONEN

4 kleine Forellen, küchenfertig

Salz und Pfeffer

Mehl, zum Bestäuben

3 EL Butter

1/2 Bund frische glatte Petersilie, fein gehackt

1 EL fein gehackte frische Zitronenmelisse

1 EL fein gehackter frischer Thymian

2 Zwiebeln, fein gehackt

2 Knoblauchzehen, fein gehackt

500 ml Weißwein

Zitronenviertel, zum Garnieren

1 Die Forellen waschen und trocken tupfen. Von innen und außen mit Salz und Pfeffer würzen und mit Mehl bestäuben.

2 Die Butter in der Pfanne zerlassen und Petersilie, Zitronenmelisse, Thymian, Zwiebeln und Knoblauch darin andünsten. Die Forellen zugeben und von jeder Seite 3 Minuten anbraten.

3 Mit dem Weißwein ablöschen, die Pfanne abdecken und die Forellen 15–20 Minuten garen. Auf einer Platte anrichten, mit dem Sud beträufeln, mit Zitronenspalten garnieren und servieren.

Grüner Hering

FÜR 4 PERSONEN

4 frische Heringe, küchenfertig und ohne Kopf

4 EL Mehl

Salz und Pfeffer

70 ml Sonnenblumenöl

1 große Zwiebel, in Ringe geschnitten

frisch gekochte grüne Bohnen, zum Servieren

Senfsauce

30 g Butter

30 g Mehl

250 ml Fischfond

2 EL Dijon-Senf

Salz und Pfeffer

etwas Schlagsahne

1 kleine Knoblauchzehe, zerdrückt

1 Die Heringe waschen, trocken tupfen, im Mehl wenden, salzen und pfeffern.

2 Für die Sauce die Butter in einem Topf zerlassen, das Mehl zugeben und anschwitzen. Mit dem Fischfond ablöschen und etwa 5 Minuten unter Rühren köcheln lassen, bis eine sämige Sauce entsteht. Den Senf einrühren und mit Salz und Pfeffer abschmecken. Dann etwas Schlagsahne und den Knoblauch zugeben, einmal aufkochen lassen und beiseitestellen.

3 Das Öl in einer Pfanne erhitzen und die Heringe von jeder Seite 4 Minuten kross anbraten. Die Heringe aus der Pfanne nehmen und beiseitestellen. Die Zwiebelringe in die heiße Pfanne geben und goldgelb anbraten. Die Heringe zusammen mit den grünen Bohnen auf Tellern anrichten und mit der Sauce beträufeln. Die Zwiebelringe darübergeben und servieren.

Hamburger Fischspeise

FÜR 4 PERSONEN

800 g Weißfischfilet (z. B. Kabeljau oder Schellfisch)

4 EL Butter, plus etwas mehr zum Einfetten

4 EL Mehl

125 ml Weißwein

200 g saure Sahne

150 g Emmentaler, gerieben

1 EL Kapern

Salz und weißer Pfeffer

4 EL Semmelbrösel

1 Die Fischfilets in einen Topf legen, mit Wasser bedecken und bei mittlerer Hitze so lange köcheln lassen, bis der Fisch fast gar ist. Vom Herd nehmen, den Fisch abtropfen lassen und in Stücke zerteilen.

2 Den Backofen auf 180 °C vorheizen. In einem Topf 2 Esslöffel Butter zerlassen, das Mehl zugeben und anschwitzen. Mit dem Weißwein ablöschen und die saure Sahne einrühren. Die Hälfte des Emmentalers, die Kapern und nach Bedarf etwas Wasser hinzufügen und unter Rühren köcheln lassen, bis die Sauce andickt. Mit Salz und Pfeffer abschmecken.

3 Eine Auflaufform einfetten und die Fischstücke hineingeben. Die Sauce darüber verteilen und mit dem restlichen Käse und Semmelbröseln bestreuen. Die restliche Butter in Flöckchen darübergeben. Etwa 20 Minuten im Ofen backen, bis die Oberfläche goldgelb ist.

Kabeljau in Weißwein

FÜR 4 PERSONEN

900 g Kabeljaufilet

4 Zitronenscheiben

3 EL Butter

1 EL Semmelbrösel

Salz und weißer Pfeffer

1 EL fein gehackte frische Petersilie, zum Garnieren

frisch gekochte neue Kartoffeln, zum Servieren

Brühe

300 ml Wasser

300 ml Weißwein

1 Bund Suppengrün, gehackt

1 Zwiebel

abgeriebene Schale von 1/2 Zitrone

1 Lorbeerblatt

3 Zweige frischer Thymian

1 Für die Brühe alle Zutaten in einen großen Topf geben und zum Kochen bringen. Die Hitze auf kleinste Stufe reduzieren, den Topf abdecken und die Brühe etwa 30 Minuten köcheln lassen.

2 Den Fisch in die heiße Brühe geben, den Topf abdecken und die Filets 15 Minuten garen, bis sie weich sind, aber nicht zerfallen. Den Fisch vorsichtig aus der Brühe heben und in einem Sieb abtropfen lassen.

3 Die Brühe durch ein Sieb in eine Schüssel passieren. Gemüse und Gewürze wegwerfen. 500 ml Brühe in eine Pfanne gießen, Zitronenscheiben und Butter zugeben und wieder erhitzen. Sobald die Butter geschmolzen ist, die Zitronenscheiben entfernen. Die Semmelbrösel einrühren und die Sauce etwas andicken lassen. Mit Salz und Pfeffer abschmecken und die Fischfilets vorsichtig zugeben. Noch einmal erhitzen, mit der Petersilie bestreuen und mit neuen Kartoffeln servieren.

Seezunge Müllerinart

FÜR 4 PERSONEN

800 g Seezungenfilets

Salz und Pfeffer

Saft von 1 Zitrone

4 EL Mehl

4 EL Butter

2 EL Öl

1 Bund frische Petersilie, fein gehackt

Zum Servieren

frisch gekochte grüne Bohnen

Zitronenspalten

1 Die Seezungen waschen, trocken tupfen, mit Salz und Pfeffer würzen und mit dem Zitronensaft beträufeln. Die Filets kurz ziehen lassen und im Mehl wenden.

2 In einer großen Pfanne 2 Esslöffel Butter und das Öl erhitzen. Die Fischfilets in die Pfanne legen und bei mittlerer Hitze 4 Minuten braten. Vorsichtig wenden und weitere 4 Minuten braten. Aus der Pfanne heben und auf einer vorgewärmten Platte warm stellen.

3 Die restliche Butter in einem kleinen Topf zerlassen und leicht braun werden lassen. Die Petersilie über die Seezungen streuen und die braune Butter darübergießen. Mit grünen Bohnen und Zitronenspalten servieren.

Gebackener Weißfisch

FÜR 4 PERSONEN

4 dicke Weißfischsteaks, z. B. Schwertfisch

Salz und Pfeffer

4 Tomaten, gehäutet und in Stücke geschnitten

1/2 grüne Paprika, in dünne Streifen geschnitten

2 Zwiebeln, in Ringe geschnitten

1 EL Paprikapulver

4 Scheiben Schinkenspeck, in feine Stücke geschnitten

3 EL Butter, zerlassen

heißer Fischfond, zum Angießen (nach Bedarf)

50 g saure Sahne (nach Belieben)

1 Den Backofen auf 180 °C vorheizen. Den Fisch waschen, trocken tupfen und mit Salz und Pfeffer würzen. Tomatenstücke, Paprika und Zwiebeln in eine Auflaufform geben, mit dem Paprikapulver bestreuen und gut vermengen.

2 Die Fischscheiben auf das Gemüse platzieren und den Speck darüber verteilen. Mit der zerlassenen Butter übergießen und mit Alufolie bedecken. 30 Minuten im Ofen braten. Nach Bedarf etwas Brühe zugießen.

3 Die Alufolie entfernen und weitere 10 Minuten braten. Den Fisch aus der Form nehmen und nach Belieben die saure Sahne in das Gemüse einrühren. Die Fischscheiben mit dem Gemüse anrichten und servieren.

Schellfisch mit Senfsauce

FÜR 4 PERSONEN

600 ml Gemüsebrühe

abgeriebene Schale von 1/2 Zitrone

1 Lorbeerblatt

4 Schellfischfilets

4 EL Butter

4 Zitronenspalten (nach Belieben), zum Garnieren

Senfsauce

70 g Butter

4 EL Mehl

2 EL Dijon-Senf

Salz und Pfeffer

Zum Servieren

1 EL Kapern

1 hart gekochtes Ei, in kleine Stücke zerteilt

frisch gekochte neue Kartoffeln

frisch gekochte grüne Bohnen

1 Gemüsebrühe, Zitronenschale und Lorbeerblatt in einen Topf geben und aufkochen lassen. Vom Herd nehmen und die Fischfilets zugeben. Den Topf zurück auf den Herd stellen, die Hitze auf kleinste Stufe reduzieren und so lange köcheln, bis der Fisch gar, aber noch fest ist. Die Fischfilets vorsichtig aus der Brühe heben und in einem Sieb abtropfen lassen. Auf einen Teller geben, abdecken und im Backofen warm halten. Vom Fischsud 500 ml abmessen und beiseitestellen.

2 Für die Sauce 50 g Butter in einem Topf zerlassen. Das Mehl darüberstreuen und anschwitzen. Mit dem beiseitegestellten Fischsud ablöschen und unter Rühren 10 Minuten köcheln. Den Senf einrühren und weitere 5 Minuten köcheln, bis die Sauce etwas andickt. Die restliche Butter zugeben und mit Salz und Pfeffer abschmecken.

3 Die Butter für den Fisch in einem Topf zerlassen. Die Fischfilets auf Tellern anrichten und mit der Butter übergießen. Kapern und Ei darüber verteilen und mit neuen Kartoffeln, grünen Bohnen und der Senfsauce servieren. Nach Belieben mit Zitronenspalten garnieren.

Seezungenröllchen in Zitronensauce

FÜR 4 PERSONEN

8 Seezungenfilets, längs halbiert

Salz und Pfeffer

2 EL fein gehackte frische Petersilie

Butter, zum Einfetten

Zitronensauce

300 ml Wasser

Saft und abgeriebene Schale von 1 Zitrone

3 EL Butter

3 EL Mehl

Salz

1 Eigelb

30 g saure Sahne

1 Die Seezungenfilets abspülen und trocken tupfen. Mit Salz und Pfeffer würzen, fein gehackte Petersilie in die Mitte jeder Filethälfte geben und diese aufrollen. Mit kleinen Holzspießen feststecken. Eine Auflaufform einfetten und die Seezungenröllchen hineinlegen. Die Form abdecken und beiseitestellen.

2 Für die Sauce das Wasser in einen Topf geben, die Zitronenschale hinzufügen und zum Kochen bringen. Die Hitze auf die geringste Stufe reduzieren und 10 Minuten köcheln lassen. Die Zitronenschale aus dem Topf entfernen und diesen beiseitestellen.

3 Den Backofen auf 180 °C vorheizen. Die Butter in einem Topf zerlassen, das Mehl einrühren und anschwitzen. Nach und nach das zurückbehaltene Zitronenwasser unter Rühren zugießen. Etwa 5 Minuten unter Rühren köcheln lassen, bis die Sauce etwas andickt. Den Zitronensaft zugießen, mit Salz abschmecken und vom Herd nehmen. Eigelb und saure Sahne in eine Schüssel geben und verquirlen. Nach und nach unter Rühren zur Sauce geben.

4 Die Sauce über die Seezungenröllchen gießen. In den Ofen schieben und etwa 20 Minuten backen. Sofort servieren.

Fischeintopf

FÜR 4 PERSONEN

900 g Weißfischfilet

2 EL Zitronensaft

Salz

120 g fetter Speck, klein geschnitten

1 Zwiebel, fein gehackt

1 Bund Suppengrün, gehackt

600 g Kartoffeln, in 1 cm dicke Scheiben geschnitten

2 TL Paprikapulver

1 Den Fisch waschen und trocken tupfen. Mit dem Zitronensaft beträufeln, mit Salz würzen, abdecken und 30 Minuten marinieren.

2 Den Speck in einen Topf geben und scharf anbraten. Zwiebel, Suppengrün und Kartoffeln zugeben und anbräunen. Das Paprikapulver einrühren, mit 300 ml Wasser aufgießen und zum Kochen bringen. Bei mittlerer Hitze etwa 15 Minuten garen.

3 Die Fischfilets halbieren und in den Topf auf das Gemüse legen. Dann die Hitze auf kleinste Stufe reduzieren, den Topf abdecken und weitere 15 Minuten garen. Bei Bedarf etwas Wasser zugießen. Auf Tellern anrichten und servieren.

Aal in Salbei

FÜR 4 PERSONEN

1 kg frischer Aal, küchenfertig und gehäutet

Salz

Saft von 1 Zitrone

1 großer Bund frische Salbeiblätter

80 g Butter

1 Zwiebel, fein gehackt

125 ml Weißwein

100 ml Fischfond

1 Den Aal waschen, trocken tupfen und in 5 cm lange Stücke schneiden. Salzen, die Hälfte des Zitronensaftes zugießen und gut vermengen. Die Aalstücke mit Salbeiblättern umwickeln und mit etwas Küchengarn zusammenbinden.

2 In einer großen Pfanne 50 g Butter bei mittlerer Hitze zerlassen und die Zwiebel darin andünsten. Aal und restlichen Zitronensaft zugeben und 5 Minuten garen. Mit Weißwein und Fischfond ablöschen und weitere 15 Minuten köcheln lassen, bis der Aal gar ist.

3 Den Aal auf vorgewärmten Tellern anrichten. Die restliche Butter in einem kleinen Topf zerlassen und etwas anbräunen. Die Aalstücke mit der Butter und dem Sud aus der Pfanne beträufeln und servieren.

Seite 144–145: *Biergarten im Englischen Garten, München.*

Fischklöße mit Champignonsauce

FÜR 4 PERSONEN

500 g Weißfischfilet

2 Eier, verquirlt

1 Brötchen, in Wasser eingeweicht, gut ausgedrückt und zerpflückt

2 TL fein gehackte frische Petersilie

abgeriebene Schale von 1 Zitrone

Salz und weißer Pfeffer

500 ml Fischfond

Champignonsauce

90 g Butter

150 g Champignons, in Scheiben geschnitten

1 Zwiebel, sehr fein gehackt

4 EL Mehl

500 ml Milch

1 TL Zitronensaft

Salz und Pfeffer

1 Die Fischfilets in eine Küchenmaschine geben und grob pürieren. In eine Schüssel geben und Eier, Brötchen, Petersilie und Zitronenschale zugeben und gut vermengen. Salzen und pfeffern. Aus der Masse kleine Klöße formen und beiseitestellen.

2 Den Fischfond in einen Topf gießen und zum Kochen bringen. Die Hitze reduzieren und die Fischklöße in den Fond geben. Etwa 15 Minuten köcheln, bis die Klöße gar sind.

3 In der Zwischenzeit für die Sauce 2 Esslöffel Butter bei mittlerer Hitze in einer Pfanne zerlassen, die Champignons zugeben und 5 Minuten dünsten. In einer weiteren Pfanne die restliche Butter zerlassen, die Zwiebel zufügen und goldbraun anbraten. Das Mehl zugeben und anschwitzen. Die Milch einrühren, die Pilze zugeben und unter Rühren 10–15 Minuten köcheln lassen, bis die Sauce andickt. Den Zitronensaft zugießen und mit Salz und Pfeffer abschmecken.

4 Die Fischklöße abgießen, abtropfen lassen, auf Tellern anrichten und mit der Sauce servieren.

Labskaus

FÜR 4 PERSONEN

1 EL Butterschmalz

1 Zwiebel, fein gehackt

500 g Corned Beef

200 g Rote Bete aus dem Glas, abgetropft und fein gehackt, plus etwas Rote-Bete-Saft

2 Gewürzgurken, fein gehackt, plus etwas Gewürzgurkensaft

2 Rollmöpse aus dem Glas, in kleine Stücke geschnitten, plus etwas Rollmopssaft

750 g Kartoffeln

Salz und Pfeffer

1 Prise frisch geriebene Muskatnuss

Zum Servieren

4 Spiegeleier

gekochte Rote Bete, in Scheiben geschnitten oder Rote Bete aus dem Glas

1 Das Butterschmalz in einem großen Topf erhitzen, die Zwiebel zugeben und andünsten. Das Corned Beef zugeben und anbraten. Rote Bete, Gewürzgurken und Rollmöpse zufügen und 5 Minuten garen lassen. Etwas Rote-Beete-, Gewürzgurken- und Rollmopssaft durch ein Sieb zugießen, bis alles gut bedeckt ist. 30 Minuten köcheln lassen.

2 In der Zwischenzeit die Kartoffeln in einen großen Topf geben, mit Wasser bedecken, zum Kochen bringen und garen. Die Kartoffeln abgießen, etwas abkühlen lassen und pellen. Mit einem Kartoffelstampfer zu Püree verarbeiten. Mit Salz, Pfeffer und Muskatnuss würzen. Zu der Corned-Beef-Mischung in die Pfanne geben und alles noch einmal mit dem Kartoffelstampfer bearbeiten. Kurz erhitzen und die Masse dann in 4 Portionen teilen.

3 Auf Tellern mit Spiegelei und Rote-Bete-Scheiben anrichten.

Grüner Aal

FÜR 4 PERSONEN

1 kg frischer Aal, küchenfertig und gehäutet

Salz

Saft von 2 Zitronen

1 l Wasser

1 Bund Suppengemüse, fein gehackt

1 Zwiebel, geviertelt

2 Lorbeerblätter

6 Pfefferkörner

1 EL Weißweinessig

Gurkensalat, zum Servieren

Dillsauce

2 EL Butter

2 EL Mehl

125 ml Weißwein

Salz und Pfeffer

1 Prise Zucker

200 g Schlagsahne

2 Eigelb

2 EL frisch gehackter Dill

1 Den Aal waschen, trocken tupfen und in etwa 7 cm lange Stücke schneiden. Mit Salz würzen, mit dem Zitronensaft beträufeln, abdecken und 10 Minuten marinieren.

2 In einem großen Topf Wasser, Suppengemüse, Zwiebel, Lorbeerblätter, Pfefferkörner und Essig zum Kochen bringen. Die Aalstücke zugeben und bei geringer Hitze etwa 20 Minuten garen. Die Aalstücke herausnehmen, in einem Sieb abtropfen lassen und warm stellen. Den Fischsud durch ein Sieb in eine Schüssel abseihen.

3 Für die Sauce die Butter in einem Topf zerlassen, das Mehl zugeben und anschwitzen. 500 ml von dem Fischsud und den Weißwein zugießen und mit Salz und Pfeffer würzen. Den Zucker zugeben. Etwa 5 Minuten bei geringer Hitze köcheln lassen, dann den Topf vom Herd nehmen. Die Sahne mit dem Eigelb verquirlen und unter Rühren in die Sauce geben. Anschließend den gehackten Dill einrühren.

4 Die Aalstücke auf Tellern anrichten, mit der Sauce begießen und mit Gurkensalat servieren.

Karpfen in Rotweinsauce

FÜR 6 PERSONEN

1 Karpfen (etwa 1,5 kg), küchenfertig

Salz

1/2 TL getrockneter Thymian

60 g Butter

250 ml Rotwein

frisch gemahlener Pfeffer

1 Lorbeerblatt

2 Wacholderbeeren

4–6 Senfkörner

1 Zwiebel, fein gehackt

125 g saure Sahne

1 Prise Zucker

Pfeffer

Zum Servieren

frisch gekochte neue Kartoffeln

frisch gekochte grüne Bohnen

1 Den Backofen auf 180 °C vorheizen. Den Karpfen waschen, trocken tupfen und von außen und innen mit Salz und Thymian einreiben.

2 Die Butter in einem Bräter zerlassen, den Karpfen zugeben und von beiden Seiten scharf anbraten. Mit dem Rotwein ablöschen und Pfeffer, Lorbeerblatt, Wacholderbeeren, Senfkörner und Zwiebel zufügen. Dann den Bräter abdecken, in den Ofen schieben und 30–40 Minuten braten.

3 Den Fisch aus dem Bräter heben und warm stellen. Den Sud durch ein Sieb passieren, in einen Topf geben und aufkochen lassen. Die Würzzutaten wegwerfen. Die Hitze reduzieren, Sahne und Zucker zugeben und mit Salz und Pfeffer abschmecken.

4 Den Karpfen auf einer Servierplatte anrichten. Dazu neue Kartoffeln, grüne Bohnen und die Rotweinsauce servieren.

Forelle blau

FÜR 4 PERSONEN

2 l Wasser

500 ml Weißwein

125 ml Weißweinessig

1 Bund Suppengemüse, gehackt

1 Zwiebel, geschält und mit 1 Lorbeerblatt und 1 Nelke gespickt

1 TL Salz

1/2 TL Pfefferkörner

4 sehr frische Forellen, ausgenommen, nicht geschuppt

Zitronenviertel, zum Garnieren

frisch gekochte neue Kartoffeln, zum Servieren

1 Wasser, Weißwein, Essig, Suppengemüse, Zwiebel, Salz und Pfefferkörner in einem Topf mit sehr großem Durchmesser zum Kochen bringen, die Hitze reduzieren und 15 Minuten köcheln lassen.

2 In der Zwischenzeit die Forellen von innen salzen. (Dabei die Forellen nur mit nassen Händen anfassen und darauf achten, dass die äußere Schleimschicht nicht verletzt wird, sonst werden sie nicht mehr blau.) Die Forellen vorsichtig in die köchelnde Brühe legen, den Topf abdecken und bei geringer Hitze etwa 10–15 Minuten ziehen lassen. Sobald sich die Rückenflosse leicht herausziehen lässt, sind die Forellen gar.

3 Die Fische aus dem Topf heben und auf einer Platte mit Zitronenvierteln anrichten. Mit neuen Kartoffeln servieren.

Forelle in Rahm

FÜR 4 PERSONEN

4 kleine Forellen, küchenfertig

Salz und Pfeffer

2 EL Mehl, plus etwas mehr zum Bestäuben

3 EL Butter

1 Zwiebel, sehr fein gehackt

200 g Schlagsahne

2 EL Zitronensaft

2 EL Fischfond

Kartoffelpuffer (s. S. 69) oder frisch gekochte Pellkartoffeln, zum Servieren

1 Die Forellen waschen und trocken tupfen. Von innen und außen mit Salz und Pfeffer würzen und mit etwas Mehl bestäuben.

2 Die Butter in einer schweren Pfanne zerlassen und den Fisch von jeder Seite anbraten, bis er eine goldbraune Farbe angenommen hat. Aus der Pfanne heben, auf eine vorgewärmte Platte legen und warm stellen.

3 Die Zwiebel in die Pfanne geben und goldbraun anbraten. 2 Esslöffel Mehl einrühren und anschwitzen. Mit der Sahne ablöschen und kurz köcheln lassen, bis die Sauce etwas eingedickt ist. Zitronensaft und Fischfond zugießen und mit Salz und Pfeffer abschmecken. Kurz aufkochen lassen und vom Herd nehmen.

4 Die Forellen auf Tellern anrichten und mit der Sauce übergießen. Mit Kartoffelpuffern oder Pellkartoffeln servieren.

Hecht in Rahmsauce

FÜR 4 PERSONEN

2 EL Butter

1 Zwiebel, fein gehackt

1 EL fein gehackte frische Petersilie

800 g Hechtfilet, in große Stücke geschnitten

150 ml Fischfond

1 Lorbeerblatt

2 TL Sardellenpaste

1 EL abgeriebene Zitronenschale

Rahmsauce

2 EL Butter

3 EL Mehl

300 g Schlagsahne

Salz

frisch geriebene Muskatnuss, zum Abschmecken

1 Eigelb

2 EL Weißwein

1 Die Butter in einer Pfanne bei mittlerer Hitze zerlassen und Zwiebel und Petersilie darin andünsten. Fischstücke, Fischfond und Lorbeerblatt zugeben. 10–15 Minuten köcheln lassen, bis die Fischstücke gar, aber noch fest sind. Die Filetstücke in eine Aufflaufform geben. Den Sud durch ein Sieb passieren und beiseitestellen. Die Würzzutaten wegwerfen.

2 Den Backofen auf 180 °C vorheizen. Für die Sauce die Butter in einem Topf zerlassen, das Mehl zugeben und anschwitzen. Mit der Sahne ablöschen und etwas andicken lassen. Nach und nach den Fischsud zugießen und verrühren. Mit Salz und Muskatnuss abschmecken und beiseitestellen.

3 Die Fischstücke mit der Sardellenpaste bestreichen und die Zitronenschale darüber verteilen. Mit etwa zwei Drittel der Sauce übergießen und 30 Minuten im Ofen backen.

4 Kurz vor Ende der Garzeit das Eigelb mit dem Weißwein verquirlen. Die restliche Sauce erwärmen und die Eigelbmischung unterrühren. (Darauf achten, dass die Sauce nicht kocht, sonst gerinnt sie.) Den Hecht mit der Sauce servieren.

Gefüllter Hecht

FÜR 4 PERSONEN

1 Hecht, geschuppt und ausgenommen

Salz und Pfeffer

1 EL Zitronensaft

50 g Speck, in dünne Streifen geschnitten

150 ml Fischfond

2 EL Butter, zerlassen

80 g saure Sahne

Zitronenviertel, zum Garnieren

Füllung

250 g Fischfilet

1 Brötchen vom Vortag, eingeweicht und ausgedrückt

1 EL Butter

1 Zwiebel, fein gehackt

5–6 Champignons, in dünne Scheiben geschnitten

etwas Tomatenmark

50 g Schlagsahne

1 EL fein gehackter frischer Dill

1 EL frische Schnittlauchröllchen

1 EL fein gehackte frische Petersilie

2 EL Semmelbrösel

Salz und Pfeffer

1 Den Fisch waschen, trocken tupfen, von innen und außen mit Salz und Pfeffer würzen und mit dem Zitronensaft beträufeln.

2 Für die Füllung das Fischfilet mit dem Brötchen in eine Schüssel geben und mit dem Pürierstab grob zerkleinern. Die Butter in einer Pfanne zerlassen und die Zwiebel darin andünsten. Die Champignons zugeben und mitdünsten. Tomatenmark, Schlagsahne, Dill, Schnittlauch, Petersilie und Semmelbrösel zufügen und alles gut vermengen. Mit Salz und Pfeffer abschmecken.

3 Den Backofen auf 200 °C vorheizen. Die Füllung in den Fischbauch geben und die Öffnung mit kleinen Holzspießen zustecken. Den Fisch in eine Auflaufform legen und die Speckstreifen darauf verteilen. Den Fischfond in die Form gießen und den Fisch mit der zerlassenen Butter beträufeln.

4 Den Fisch etwa 45 Minuten im Ofen backen, dabei immer wieder mit etwas Fischfond aus der Form übergießen.

5 Den Fisch auf einer Platte anrichten. Die Flüssigkeit aus der Form in einen Topf gießen und bei mittlerer Hitze und unter Rühren die saure Sahne einrühren. Den Fisch mit Zitronenvierteln garnieren und mit der Sauce servieren.

Muscheln rheinische Art

FÜR 4 PERSONEN

3 kg Miesmuscheln

3 EL Butter

2 Karotten, grob gehackt

2 Zwiebeln, in Ringe geschnitten

1 Porreestange, in Ringe geschnitten

1 Knoblauchzehe, zerdrückt

500 ml trockener Weißwein

500 ml Fischfond

Salz und Pfeffer

1 Bund frische glatte Petersilie, fein gehackt

Roggenmischbrot, zum Servieren

1 Die Muscheln unter fließend kaltem Wasser abbürsten und die Bärte entfernen. Bereits geöffnete Muscheln unbedingt wegwerfen.

2 Die Butter in einem Topf zerlassen und Karotten, Zwiebeln, Porree und Knoblauch darin andünsten. Mit Wein und Fischfond ablöschen und aufkochen lassen. Mit Salz und Pfeffer würzen und die Hälfte der Petersilie zum Sud geben. Die Muscheln in den Topf geben und diesen abdecken. Nach etwa 7–8 Minuten öffnen sich die Muscheln. Muscheln, die sich nicht geöffnet haben, wegwerfen.

3 Die Muscheln in tiefen Tellern anrichten und mit dem Sud übergießen. Mit der restlichen Petersilie bestreuen und mit Roggenmischbrot servieren.

Flusskrebs in Dillsauce

FÜR 2 PERSONEN

80 g Butter

1 kleine Zwiebel, sehr fein gehackt

1 EL frisch gehackte Petersilie

20 rohe Flusskrebsschwänze

125 ml trockener Weißwein

1 EL Mehl

Salz und Pfeffer

1 EL fein gehackter frischer Dill

frisches Weißbrot, zum Servieren

1 Die Hälfte der Butter in einer großen Pfanne bei mittlerer Hitze zerlassen. Zwiebel und Petersilie zugeben und 3 Minuten weich dünsten. Die Flusskrebsschwänze zufügen und kurz mitdünsten. Mit dem Wein ablöschen und nach Bedarf noch etwas Wasser zugeben, sodass alles bedeckt ist. 10 Minuten köcheln lassen, dann die Flusskrebsschwänze herausnehmen und abkühlen lassen. Die Krebse schälen, am Rücken einschneiden und den Darm entfernen.

2 Den Sud durch ein Sieb abgießen und 300 ml davon aufbewahren. Die restliche Butter in einer Pfanne erhitzen, das Mehl zugeben und anschwitzen. Nach und nach den Sud zugießen und bei geringer Hitze köcheln lassen, bis die Sauce andickt.

3 Die Sauce mit Salz und Pfeffer abschmecken und den Dill einrühren. Die Krebsschwänze zugeben und nochmals erhitzen. In Schüsseln anrichten und mit Weißbrot servieren

GEMÜSE & BEILAGEN

„Man soll dem Leib etwas Gutes bieten,
damit die Seele Lust hat, darin zu wohnen."
Winston Churchill

In unserer deutschen Küche sind die Beilagen mindestens ebenso wichtig wie Fleisch oder Fisch. Aber auf die richtige Kombination kommt es an. Es gibt einige klassische Zusammenstellungen, die ein Höchstmaß an Geschmack garantieren – Eisbein mit Sauerkraut (Seite 110) schmeckt wunderbar mit einem cremigen Erbsenpüree (Seite 193), während Sauerkraut (Seite 180) mit Kümmel eine perfekte Ergänzung zum Gefüllten Gänsebraten (Seite 120) bildet.

Kohl ist ein sehr vielseitiges Gemüse und spielt in der deutschen Küche eine entscheidende Rolle. Das bekannteste Kohlgericht ist ohne Zweifel Sauerkraut. Dies wird aus Weißkohl zubereitet, den man mehrere Tage fermentieren lässt, mit Speck kocht und mit geriebener roher Kartoffel andickt. Apfelrotkohl (Seite 177) schmeckt wunderbar zu Fleischgerichten, während Grünkohl mit Pinkel (Seite 188) eine regionale Bremer Spezialität ist.

Kartoffeln sind die beliebteste deutsche Beilage und in allen Variationen sehr geschätzt. Besonders als Klöße (Seite 173) sind sie eine ideale Beilage zum Braten. Doch auch als Suppeneinlage oder mit Gemüse gegessen sind Klöße sehr schmackhaft. Himmel un Ääd (Seite 174) ist eine rheinische Spezialität und kann als Beilage oder, wenn man anstatt Speck angebratene Blutwurst dazu reicht, als Hauptgericht serviert werden. Wir wünschen Ihnen einen guten Appetit!

Warmer Kartoffelsalat

FÜR 4 PERSONEN

1 kg neue kleine Kartoffeln

90 ml Weißweinessig

125 ml heiße Fleischbrühe

1 Zwiebel, fein gehackt

2 EL Pflanzenöl

125 g durchwachsener Speck, in feine Würfel geschnitten

Salz und Pfeffer

1 Msp. Zucker

100 g saure Sahne

1/2 Bund frische Petersilie, fein gehackt

1/2 Bund frischer Dill, fein gehackt

1/2 Bund frischer Schnittlauch, fein gehackt

1 Die Kartoffeln abbürsten, in einen großen Topf geben und mit Wasser bedecken. Das Wasser zum Kochen bringen und die Kartoffeln in etwa 20 Minuten gar kochen. Abgießen, kurz mit kaltem Wasser abschrecken und abtropfen lassen. In eine Schüssel geben. Essig, Fleischbrühe und Zwiebel zufügen und gut vermengen.

2 Das Öl in einer Pfanne erhitzen und den Speck darin goldgelb braten. Mit Salz, Pfeffer und Zucker würzen. Saure Sahne, Petersilie, Dill und Schnittlauch zugeben und kurz mit erhitzen. Die heiße Sauce über die Kartoffeln gießen und vorsichtig vermengen. Mit Salz und Pfeffer abschmecken und den Salat vor dem Servieren 10–15 Minuten ziehen lassen.

Rosenkohl mit Maronen

FÜR 4 PERSONEN

400 g Maronen

Salz

600 g Rosenkohl

75 g Gänseschmalz

1 EL fein gehackter frischer Thymian

1 Die Maronen mit einem Messer am spitz zulaufenden Ende ringsum einschneiden. In einem Topf Salzwasser zum Kochen bringen. Die Maronen in den Topf geben und 15 Minuten garen. Abgießen und abtropfen lassen. So heiß wie möglich aus der Schale brechen, dabei auch die braune Haut entfernen.

2 Den Rosenkohl putzen und waschen. Einen Topf mit Salzwasser füllen, Rosenkohl und Maronen zugeben und etwa 15 Minuten kochen. Abgießen und abtropfen lassen.

3 Das Gänseschmalz in einer Pfanne erhitzen. Rosenkohl, Maronen und Thymian zufügen und ein paar Minuten andünsten. In einer Schüssel anrichten und servieren.

Seite 168–169: *Die Russische Kapelle und das Wasserreservoir auf der Mathildenhöhe in Darmstadt wurden zwischen 1877 und 1897 errichtet, der Hochzeitsturm links, das Wahrzeichen von Darmstadt, wurde 1908 fertiggestellt.*

Kartoffelklöße

FÜR 8 PERSONEN

500 g mehligkochende Kartoffeln, gekocht und leicht abgekühlt

150 g Mehl, plus etwas mehr zum Bestäuben

2 Eier

Salz

frisch geriebene Muskatnuss (nach Belieben)

1 Die Kartoffeln pellen und durch eine Kartoffelpresse drücken. (Alternativ mit einem Kartoffelstampfer bearbeiten.) In einer großen Schüssel die gestampften Kartoffeln, Mehl, Eier, Salz und nach Belieben Muskatnuss vermengen, bis ein glatter Teig entsteht.

2 Den Teig auf eine bemehlte Arbeitsfläche geben und mit bemehlten Händen daraus eine Rolle formen. Die Teigrolle in gleich große Stücke schneiden und mit leicht angefeuchteten Händen Kartoffelklöße formen.

3 Salzwasser in einem großen Topf zum Kochen bringen. Die Knödel schnell hintereinander in das Wasser geben und sofort die Hitze auf mittlere Stufe reduzieren. (Die Knödel dürfen nur ziehen, da sie sonst zerfallen.) Nach etwa 10 Minuten sind die ersten Knödel gar und steigen an die Wasseroberfläche. Die Knödel mit einem Schaumlöffel aus dem Wasser heben, kurz abtropfen lassen und servieren.

Himmel un Ääd

FÜR 6 PERSONEN

1 kg mehlig kochende Kartoffeln

250 ml Milch

50 g Butter

Salz

frisch geriebene Muskatnuss (nach Belieben)

6 Äpfel (z. B. Boskop)

4 EL Zucker

Saft von 1 Zitrone

1 TL Butterschmalz

6 Scheiben Schinkenspeck, klein geschnitten, oder wahlweise Blutwurst, von der Pelle befreit

2 EL Mehl

1 Die Kartoffeln schälen, in einen Topf geben und mit Wasser bedecken. Das Wasser zum Kochen bringen und die Kartoffeln in etwa 20 Minuten gar kochen. Abgießen, abtropfen lassen und mit einem Kartoffelstampfer zerstampfen. Die Milch in einem Topf erhitzen, Butter, etwas Salz und nach Belieben geriebene Muskatnuss zugeben. Die Milchmischung zu den gestampften Kartoffeln geben und alles kräftig mit dem Schneebesen durchrühren.

2 Die Äpfel schälen, entkernen und vierteln. Mit Zucker und Zitronensaft würzen und in einen Topf geben. Ganz wenig Wasser zugießen, aufkochen lassen und die Apfelstücke gar kochen. Die Äpfel mit dem Kartoffelstampfer zerstampfen und unter das Kartoffelpüree rühren.

3 Das Butterschmalz in einer Pfanne zerlassen. Den Schinkenspeck oder die Blutwurst leicht im Mehl wenden und im Schmalz knusprig braten.

4 Himmel un Ääd auf Teller verteilen, den Speck oder die Blutwurst darauf anrichten und servieren.

Apfelrotkohl

FÜR 4 PERSONEN

1 Rotkohl (1 kg)

250 g säuerliche Äpfel (z. B. Boskop)

Salz

100 ml Rotweinessig

50 g Butter

3 Zwiebeln, fein gehackt

25 g Zucker

200 ml trockener Rotwein

125 ml Brühe

2 Gewürznelken

1 Lorbeerblatt

Pfeffer

frisch gehackter Dill, zum Servieren

1 Die äußeren Blätter und den Strunk vom Rotkohl entfernen. Den Kohl mit einem Krauthobel in feine Streifen schneiden. Die Äpfel schälen, entkernen, in kleine Würfel schneiden und beiseitestellen.

2 Den Rotkohl in eine Schüssel geben und mit Salz bestreuen. Den Rotweinessig zugießen und gut vermengen. Die Schüssel abdecken und den Kohl 2 Stunden lang ziehen lassen.

3 Die Butter in einem Topf zerlassen. Zwiebeln und Äpfel darin glasig dünsten. Den Zucker zugeben und alles leicht karamellisieren.

4 Den Rotkohl mit der Flüssigkeit zufügen und kurz mit andünsten.

5 Rotwein, Brühe, Nelken und Lorbeer zufügen und gut verrühren. Den Topf abdecken und alles etwa 30 Minuten garen.

6 Mit Salz und Pfeffer abschmecken. Nelken und Lorbeerblatt entfernen und den Rotkohl in einer Schüssel anrichten. Zum Servieren nach Belieben mit Dill bestreuen.

Leipziger Allerlei

FÜR 6 PERSONEN

100 g Butter

250 g Champignons, in dünne Scheiben geschnitten

1/2 TL Zitronensaft

3 kleine Karotten, in Stifte geschnitten

2 Kohlrabi, in Stifte geschnitten

200 g frische Erbsen, gepalt

1 kleiner Blumenkohl, in Röschen zerteilt

4 EL Mehl

Salz und weißer Pfeffer

4 EL frisch gehackte Petersilie

30 g Krebsbutter

1 In einer Pfanne 1 Esslöffel Butter zerlassen und die Pilze darin 3–4 Minuten andünsten. Zitronensaft zugießen und beiseitestellen.

2 Karotten, Kohlrabi, Erbsen und Blumenkohl in separaten Töpfen bissfest kochen. Das Gemüse abgießen, dabei das Kochwasser auffangen.

3 Die restliche Butter in einem großen Topf zerlassen, das Mehl darin anschwitzen. Dann langsam 500 ml des Gemüsekochwassers zugießen und dabei ständig rühren, bis nach 5 Minuten eine glatte Sauce entsteht. Falls nötig, mehr Kochwasser zugießen. Mit Salz und Pfeffer abschmecken und die Petersilie unterrühren. Das Gemüse mit den Pilzen unterheben und kurz erhitzen. Die Krebsbutter zerlassen und über das Gemüse träufeln. Sofort servieren.

Spätzle

FÜR 4 PERSONEN

500 g Mehl

5 Eier

150–200 ml Wasser

1 TL Salz

2 EL Semmelbrösel, in 1 EL Butter geröstet, zum Servieren

1 Mehl, Eier, Wasser und Salz in eine Schüssel geben und vermengen. So lange schlagen, bis der Teig Blasen wirft. Die Schüssel abdecken und den Teig 30 Minuten ruhen lassen.

2 In einem großen Topf Salzwasser aufkochen. Jeweils etwas Teig auf ein Brettchen geben und mit einem Spätzleschaber oder einem kleinen scharfen Messer rasch kleine Stücke vom Teig direkt in das kochende Wasser schaben. Sobald die Spätzle an die Wasseroberfläche steigen, sind sie gar. Die Spätzle mit einem Schaumlöffel herausnehmen und abtropfen lassen. Mit den gerösteten Semmelbröseln bestreuen und servieren.

Sauerkraut

FÜR 4 PERSONEN

50 g Gänseschmalz

1 Zwiebel, fein gehackt

100 g durchwachsener Speck, gehackt

1 Apfel, geschält, entkernt und klein geschnitten

100 ml Riesling

500 g Sauerkraut

1 TL Kümmelsamen

1 Lorbeerblatt

1 große Kartoffel, gerieben

2 Nelken

Salz und Pfeffer

1 Prise Zucker

1 Das Gänseschmalz in einem Topf zerlassen. Zwiebel, Speck und Apfel zugeben und glasig dünsten. Mit dem Riesling ablöschen. Das Sauerkraut mit einer Gabel etwas auflockern und zugeben. Kümmel, Lorbeerblatt, Kartoffeln und Nelken zufügen, den Topf abdecken und alles etwa 1 Stunde bei geringer Hitze köcheln lassen.

2 Das Lorbeerblatt entfernen. Mit Salz, Pfeffer und Zucker abschmecken und servieren.

Rote-Bete-Püree

FÜR 6 PERSONEN

1 kg Rote Bete

1 TL Pflanzenöl

120 g Speck, gewürfelt

2 TL geriebener Meerrettich

125 g Crème fraîche

1 Die Rote Bete gut säubern, in einen Topf geben und mit Wasser bedecken. Das Wasser aufkochen lassen und die Rote Bete 30 Minuten kochen. Abgießen, abtropfen und etwas abkühlen lassen. Die Rote Bete schälen und in einer Küchenmaschine fein pürieren.

2 Das Öl in einer Pfanne erhitzen und den Speck darin scharf anbraten. Pürierte Rote Bete, Meerrettich und Crème fraîche zufügen und verrühren. Unter Rühren etwas erwärmen, in eine Schüssel geben und servieren.

Dicke Bohnen mit Speck

FÜR 4 PERSONEN

20 g Butterschmalz

1/2 Zwiebel, fein gehackt

1 großes Glas dicke Bohnen (400 g)

4 Scheiben Bauchspeck

1 Zweig frisches Bohnenkraut

1 EL Butter

1 EL Mehl

Salz und Pfeffer

1 Das Butterschmalz in einem Topf zerlassen und die Zwiebel darin glasig dünsten. Die dicken Bohnen aus dem Glas samt Flüssigkeit zugeben. Den Bauchspeck darauflegen. Den Topf abdecken und bei geringer Hitze (damit die Bohnen nicht platzen) 40 Minuten garen. 10 Minuten vor Ende der Garzeit das Bohnenkraut zufügen.

2 Die Bohnen abgießen und die Brühe dabei auffangen. Den Bauchspeck auf einen Teller legen und beiseitestellen.

3 Die Butter in einem Topf zerlassen, das Mehl zugeben und anschwitzen. Die aufgefangene Brühe zugießen. Die Bohnen zugeben, verrühren und mit Salz und Pfeffer abschmecken. Wenn die Sauce zu dickflüssig ist, etwas Wasser zugeben. Die Bohnen in Schüsseln oder tiefen Tellern anrichten, eine Scheibe Speck darüberlegen und servieren.

Rote Bete mit Dill & saurer Sahne

FÜR 4 PERSONEN
1 kg Rote Bete
1 TL Salz
125 g Butter
1 kleine Zwiebel, fein gehackt
1 EL frisch gehackte Petersilie
1 EL frisch gehackter Dill, plus etwas mehr zum Garnieren
2 EL Mehl
200 ml Gemüsebrühe
1 EL Weißweinessig
150 g saure Sahne

1 Die Rote Bete gut säubern, in einen Topf geben und mit Wasser bedecken. Das Salz zugeben und das Wasser zum Kochen bringen. Sobald die Rote Bete gar sind, abgießen, abtropfen und etwas abkühlen lassen. Anschließend die Rote Bete schälen und in dicke Scheiben schneiden.

2 Die Butter in einer großen Pfanne zerlassen. Zwiebel, Petersilie und Dill zufügen und bei geringer Hitze unter Rühren andünsten. Das Mehl zugeben, dabei ständig rühren. Die Gemüsebrühe langsam unter ständigem Rühren zugießen und so lange köcheln lassen, bis die Sauce eindickt. Den Weißweinessig zugeben und verrühren.

3 Die Rote Bete zur Sauce geben, die Pfanne abdecken und 10 Minuten ziehen lassen. Bei Bedarf etwas Wasser zufügen. Kurz vor dem Servieren die saure Sahne unterrühren. In einer Schüssel anrichten, mit Dill garnieren und servieren.

Birnen, Bohnen & Speck

FÜR 4 PERSONEN

1 EL Butter

4 dicke Scheiben durchwachsener Speck, in Würfel geschnitten

1/2 Zwiebel, fein gehackt

400 g weiße Bohnen, über Nacht in Wasser eingeweicht

2 Birnen, geschält, entkernt und in große Würfel geschnitten

2 Zweige frisches Bohnenkraut

Salz und Pfeffer

Brot, zum Servieren

1 Die Butter in einem Topf zerlassen. Speck und Zwiebel darin bei geringer Hitze anbraten. Die Bohnen abtropfen lassen und mit den Birnen und dem Bohnenkraut in den Topf geben. Etwa 750 ml Wasser zugießen und zum Kochen bringen. 1–1 1/2 Stunden bei geringer Hitze kochen, bis die Bohnen gar sind.

2 Mit Salz und Pfeffer abschmecken und mit Brot servieren.

Grünkohl mit Pinkel

FÜR 4 PERSONEN

1 EL Schweineschmalz

2 große Zwiebeln, fein gehackt

150 g geräucherter Speck, in Würfel geschnitten

1 Lorbeerblatt

1 kg Grünkohl

500 ml Fleischbrühe

8 Pinkelwürste (ersatzweise Kochmettwürste)

Salz und Pfeffer

frisch geriebene Muskatnuss

1 Das Schweineschmalz in einem großen Topf zerlassen. Zwiebeln und Speck zugeben und andünsten. Dann Lorbeerblatt und Grünkohl zugeben und mit andünsten. Mit der Fleischbrühe ablöschen. Die Hitze auf geringste Stufe reduzieren, den Topf abdecken und alles etwa 1 Stunde garen.

2 Die Pinkelwürste zugeben und eine weitere Stunde bei geringer Hitze unter gelegentlichem Rühren köcheln lassen. Eventuell etwas Wasser zugießen, damit der Grünkohl nicht anbrennt. Den Pinkel herausnehmen. Den Grünkohl mit Salz, Pfeffer und geriebener Muskatnuss abschmecken. Auf Tellern anrichten, den Pinkel darauflegen und sofort servieren.

Seite 190–191: *Der Hamburger Hafen mit der Kirche St. Michaelis im Hintergrund.*

BLOHM + VOSS

Karotten rheinische Art

FÜR 4 PERSONEN

300 ml Wasser

400 g Karotten, in Scheiben geschnitten

1 TL Zucker

2 EL Butter

1 große Zwiebel, fein gehackt

2 Kochäpfel, geschält, entkernt und in dünne Scheiben geschnitten

Salz und Pfeffer

frisch geriebene Muskatnuss, zum Abschmecken

Zitronensaft, zum Abschmecken

1 Das Wasser in einen Topf geben und zum Kochen bringen. Karotten und Zucker zugeben und bei geringer Hitze 8 Minuten köcheln lassen. Die Karotten abgießen und den Sud auffangen.

2 Die Butter in einer großen Pfanne zerlassen. Die Zwiebel zugeben und goldbraun dünsten. Die Apfelstücke zugeben und 5 Minuten mit andüsten. Karotten und Sud zufügen, den Topf abdecken und so lange köcheln, bis die Äpfel weich sind. Mit Salz, Pfeffer, geriebener Muskatnuss und Zitronensaft abschmecken. In einer Schüssel anrichten und servieren.

Erbsenpüree

FÜR 4 PERSONEN

500 g getrocknete gelbe Erbsen, über Nacht eingeweicht

50 g Butter

2 Zwiebeln, fein gehackt

100 g durchwachsener geräucherter Speck, in feine Würfel geschnitten

1 Prise getrockneter Majoran

Salz und Pfeffer

fein gehackte frische Petersilie, zum Garnieren

1 Die Erbsen mit dem Einweichwasser in einen Topf geben und aufkochen lassen. Die Hitze auf geringste Stufe reduzieren und etwa 1 Stunde lang köcheln lassen, bis die Erbsen weich sind.

2 Die Butter in einem Topf zerlassen. Zwiebeln und Speck zugeben und andünsten. Vom Herd nehmen.

3 Die Erbsen mit einem Pürierstab oder in einer Küchenmaschine pürieren. In eine Schüssel geben, Zwiebeln, Speck und Majoran zufügen und gut verrühren. Mit Salz und Pfeffer abschmecken, mit Petersilie garnieren und servieren.

Frankfurter Grüne Sauce

FÜR 4 PERSONEN

300 g gemischte frische grüne Kräuter (Borretsch, Kerbel, Brunnenkresse, krause Petersilie, Sauerampfer, Schnittlauch, Pimpinelle), sehr fein gehackt

1 EL Weißweinessig

2 EL Pflanzenöl

500 g saure Sahne, Schmand, Crème fraîche oder Dickmilch (oder gemischt nach Belieben)

Salz und Pfeffer

2 hart gekochte Eier, sehr fein gehackt

1 Alle Zutaten außer den Eiern in eine Schüssel geben und vermengen. Die Schüssel abdecken, in den Kühlschrank stellen und mindestens 1 Stunde ziehen lassen.

2 Die Eier unterrühren und mindestens noch einmal 15 Minuten ziehen lassen. Die Sauce passt sehr gut zu Pellkartoffeln.

Kässpätzle

FÜR 4 PERSONEN

50 g Butterschmalz

2 große Zwiebeln, in Ringe geschnitten

Butter, zum Einfetten

Spätzle (s. S. 179)

150 g Emmentaler, gerieben

Salz und Pfeffer

fein gehackter frischer Schnittlauch, zum Garnieren

grüner Salat, zum Servieren

1 Den Backofen auf 180 °C vorheizen. Das Butterschmalz in einer Pfanne zerlassen und die Zwiebelringe darin goldbraun dünsten.

2 Eine Auflaufform einfetten. Die Spätzle abwechselnd mit den Zwiebelringen und dem Käse in die Form schichten. Dabei jede Lage mit ein wenig Salz und Pfeffer würzen. Die oberste Lage sollte aus Käse bestehen. Etwa 15 Minuten backen, bis der Käse eine goldbraune Farbe angenommen hat. Mit dem Schnittlauch bestreuen und mit angemachtem grünem Salat servieren.

Bayerische Semmelknödel

FÜR 4 PERSONEN

6 Brötchen vom Vortag

250 ml lauwarme Milch

20 g Butter

1 Zwiebel, fein gehackt

1 Knoblauchzehe, fein gehackt

1/2 Bund frische Petersilie, fein gehackt (nach Belieben)

3 Eier

Salz und Pfeffer

1 EL Mehl

Semmelbrösel (nach Bedarf)

1 Die Brötchen in dünne Scheiben schneiden, in eine große Schüssel geben und mit der Milch übergießen. Kurz einweichen lassen.

2 Die Butter in einer Pfanne zerlassen. Zwiebel und Knoblauchzehe zugeben und glasig dünsten. Vom Herd nehmen, nach Belieben Petersilie unterrühren und abkühlen lassen.

3 Eier, Salz und Pfeffer zu den Brötchen in die Schüssel geben und vermengen. Zwiebelmischung und Mehl zugeben und gut verkneten. Falls die Masse zu weich ist, Semmelbrösel unterkneten.

4 In einem Topf Salzwasser zum Kochen bringen. Mit feuchten Händen Knödel formen und vorsichtig in das kochende Wasser geben. Die Hitze reduzieren und die Knödel im nicht mehr kochenden Wasser 15 Minuten ziehen lassen. Sobald die Knödel an die Oberfläche steigen, sind sie gar. Dann die Knödel mit einem Schaumlöffel aus dem Wasser nehmen, abtropfen lassen und servieren.

Maultaschen-Variation

FÜR 4 PERSONEN

1,5 l Fleischbrühe

2 EL Semmelbrösel, in 1 EL Butter geröstet, zum Servieren

Teig

400 g Mehl

1/2 TL Salz

4 Eier

50 ml lauwarmes Wasser

1 EL Öl

Füllung

400 g Blattspinat

1–2 Brötchen vom Vortag, in Wasser eingeweicht

200 g Hackfleisch, halb und halb

1 Zwiebel, fein gehackt

1 EL frisch gehackte Petersilie

2 Eier

1/2 TL Salz

1 Msp. weißer Pfeffer

1 Die Zutaten für den Teig in eine Schüssel geben und vermengen. Zu einem geschmeidigen Teig kneten, in eine Schüssel geben und 20 Minuten ruhen lassen.

2 Für die Füllung einen Topf mit Salzwasser füllen, zum Kochen bringen und den Spinat 3 Minuten darin garen. Abtropfen lassen und hacken. Die Brötchen gut ausdrücken, zerpflücken, in eine Schüssel geben, und mit Hackfleisch, Zwiebel, Petersilie, Spinat und Eiern vermengen. Mit Salz und Pfeffer würzen.

3 Den Teig auf einer leicht bemehlten Arbeitsfläche etwa 3 mm dick ausrollen und mit einem Glas Kreise ausstechen. Jeweils 1 Esslöffel der Füllung in die Mitte der Teigkreise setzen und diese zu Halbkreisen zusammenklappen. Dabei die Ränder gut zusammendrücken. Die Fleischbrühe in einen Topf gießen und aufkochen. Die Maultaschen hineingeben und die Hitze reduzieren. Etwa 10 Minuten gar ziehen lassen. Sobald die Maultaschen an die Wasseroberfläche steigen, sind sie gar. Mit einem Schaumlöffel herausheben und auf Tellern anrichten. Etwas Fleischbrühe darübergießen, mit den Semmelbröseln bestreuen und servieren.

Riesenschupfnudeln

FÜR 4 PERSONEN

500 g Kartoffeln, gekocht (vom Vortag)

1 Ei

Salz

frisch geriebene Muskatnuss, zum Abschmecken

125 g Mehl

Butter, zum Anbraten (nach Belieben)

Salatblätter, zum Garnieren

1 Die Kartoffeln pellen und durch eine Kartoffelpresse drücken. Alternativ mit einem Kartoffelstampfer zerstampfen. In eine Schüssel geben und mit Ei, Salz und geriebener Muskatnuss vermengen. Nach und nach so viel Mehl unterkneten, dass ein glatter Teig entsteht.

2 Den Teig auf eine bemehlte Arbeitsfläche geben und daraus mit bemehlten Händen eine Rolle formen. Die Rolle in Stücke schneiden und diese zu fingerdicken langen Strängen formen.

3 In einem großen Topf Salzwasser zum Kochen bringen. Die Schupfnudeln schnell hintereinander in das kochende Wasser geben. Die Hitze auf mittlere Stufe reduzieren und etwa 5 Minuten ziehen lassen. Die Nudeln sind gar, sobald sie an die Wasseroberfläche steigen. Mit einem Schaumlöffel aus dem Wasser nehmen und abtropfen lassen. Nach Wunsch können die Schupfnudeln noch in etwas Butter angebraten werden. Auf Tellern anrichten und mit Salatblättern garnieren.

DESSERTS & GEBÄCK

„Ein klein wenig Süßes kann viel Bitteres vertreiben."

Sprichwort

Desserts sind in Deutschland abwechslungsreich und üppig. Oft werden sie auf Basis von Früchten der Saison zubereitet. In der Kirschenzeit werden beispielsweise gerne Nachspeisen wie Kirschenmichel (Seite 219), Kirschstreusel (Seite 252) oder die berühmte Schwarzwälder Kirschtorte (Seite 240) gebacken, in die noch ein Schuss Kirschwasser kommt. Pflaumenkuchen (Seite 235) ist eine weitere deutsche Spezialität. Hierfür werden nur die reifsten Früchte verwendet, die in oder auf einem leckeren, süßen Hefeteig verteilt werden. Der Apfelstrudel (Seite 236) stammt zwar ursprünglich aus Österreich, ist aber seit vielen Jahren auch ein Klassiker der deutschen Küche. Probieren Sie Schmandwaffeln (Seite 226), Grießpudding (Seite 215) oder Arme Ritter (Seite 213) einmal mit Apfelkompott oder Zimtäpfeln anstatt mit Kirschen und Sahne. Sie werden überrascht sein, wie gut das schmeckt!

Quark, der vielseitige Milchkäse mit niedrigem Fettgehalt, findet sich in vielen Desserts, so etwa in der Westfälischen Quarkspeise (Seite 212) oder in der Dresdner Eierschecke (Seite 231), einer Spezialität aus dem Osten Deutschlands. Marzipan liebt man bei uns vor allem im Winter. So werden Bratäpfel (Seite 220) und Christstollen (Seite 247) damit gefüllt, und Baumkuchenteig besteht zu einem großen Teil daraus. Dieser wird dann in bis zu 30 Schichten gebacken. Wenn der Baumkuchen (Seite 239) angeschnitten wird, soll er an die Jahresringe eines Baumstammes erinnern.

Rote Grütze mit Vanillesauce

FÜR 4–6 PERSONEN
500 g Himbeeren
400 g Kirschen
100 g Johannisbeeren
500 ml Wasser
1 Päckchen Vanillezucker
250 g Zucker
70 g Speisestärke

Vanillesauce
3 Eigelb
50 g Zucker
Mark von 1 Vanillestange
250 ml Milch

1 Die Früchte waschen, abtropfen lassen und halbieren. Wasser, Vanillezucker und Zucker in einen Topf geben und zum Kochen bringen. Die Früchte zufügen und etwa 15 Minuten bei mittlerer Hitze köcheln lassen.

2 Eine Schöpfkelle voll Grütze in eine Schüssel geben und mit der Speisestärke verrühren. Dann in den Topf zur restlichen Grütze geben, gut verrühren und nochmals aufkochen lassen. 4–6 Dessertschalen mit kaltem Wasser ausspülen und die Grütze darauf verteilen. Abkühlen lassen.

3 Für die Sauce das Eigelb mit der Hälfte des Zuckers in einer hitzebeständigen Schüssel schaumig rühren. Vanillemark, Milch und restlichen Zucker in einen Topf geben, unter Rühren kurz aufkochen lassen und vom Herd nehmen. Kurz stehen lassen, dann unter Rühren in die Eigelbmasse gießen.

4 Die Schüssel über einen Topf mit heißem Wasser platzieren und im Wasserbad ständig rühren, bis die Sauce dicker wird und schließlich cremig bindet. (Dabei nicht kochen lassen.) Die fertige Sauce in eine andere Schüssel gießen, mit Frischhaltefolie abdecken und abkühlen lassen. Die Grütze mit der Vanillesauce servieren.

Seite 206–207: *Studentenleben einst und heute: Stocherkahnfahren in Tübingen.*

Bayerische Creme mit Erdbeeren

FÜR 4 PERSONEN

6 Blatt weiße Gelatine

500 ml Milch

1 Vanillestange

4 Eigelb

100 g Zucker

200 g Schlagsahne, steif geschlagen

200 g Erdbeeren, geviertelt, plus 4 ganze Erdbeeren, zum Garnieren

1 Die Gelatine in eine kleine Schüssel geben, mit Wasser bedecken und 10 Minuten einweichen. Das Mark aus der Vanillestange kratzen. Die Milch mit Vanillemark und -stange in einen Topf geben und unter Rühren aufkochen lassen. Eigelb und Zucker in einer Schüssel dickschaumig aufschlagen. Die Vanillestange aus der heißen Milch entfernen und diese in dünnem Strahl und unter Rühren zu der Ei-Zucker-Masse gießen.

2 Die Gelatine gut ausdrücken und in die noch warme Creme rühren, bis sie sich ganz auflöst. Die Creme in den Kühlschrank stellen, alle 10 Minuten herausnehmen und gut umrühren.

3 Sobald die Creme abgekühlt ist und geliert, die Sahne locker darunterziehen. 4 Dessertschalen oder Gläser mit kaltem Wasser ausspülen und die Erdbeeren darauf verteilen. Die Creme darübergießen und für mindestens 4 Stunden oder aber über Nacht in den Kühlschrank stellen. Jeweils mit einer ganzen Erdbeere garnieren und servieren.

Westfälische Quarkspeise

FÜR 4 PERSONEN

500 g Quark

80 g Zucker

2 EL Vanillezucker

150 g Schlagsahne

100 g Pumpernickel, plus etwas mehr zum Garnieren

60 ml Rum

1 Glas Sauerkirschen

Johannisbeeren, zum Garnieren

1 Quark, Zucker, Vanillezucker und Sahne in eine Schüssel geben und verrühren.

2 Den Pumpernickel in einer Schüssel zerbröseln, den Rum zugießen, verrühren und etwas ziehen lassen.

3 Die Kirschen abtropfen lassen. Nach Belieben lagenweise Quarkmischung, Pumpernickel und Kirschen in einer großen Schüssel schichten oder alles miteinander verrühren und auf Schalen verteilen. Mit Johannisbeeren und Pumpernickelwürfeln garnieren.

Arme Ritter

FÜR 4 PERSONEN

1 Ei

250 ml Milch

4 Scheiben Weißbrot vom Vortag

50 g Butter

Zucker, zum Bestreuen

Zimt, zum Bestreuen

Zimtäpfel (s. S. 226), zum Servieren

1 Ei und Milch in eine Schüssel geben und verquirlen. Die Brotscheiben zufügen und gut einweichen lassen.

2 Die Butter in einer Pfanne zerlassen. Die Brotscheiben zugeben und goldbraun ausbacken. Sobald sie knusprig sind, auf Tellern anrichten. Noch heiß mit Zucker und Zimt bestreuen und mit Zimtäpfeln servieren.

Grießpudding mit Apfelkompott

FÜR 4 PERSONEN

2 Eier

500 ml Milch

1 Vanillestange

1 Prise Salz

50 g Zucker

abgeriebene Schale von einer 1/2 Zitrone

100 g Weizengrieß

Apfelkompott

175 g Zucker

450 ml Wasser

1/2 TL abgeriebene Zitronenschale

1/2 Zimtstange

8 Äpfel, geschält, entkernt und in dicke Scheiben geschnitten

1 Für das Apfelkompott, Zucker, Wasser, Zitronenschale und Zimtstange in einen Topf geben und aufkochen lassen. Einige Minuten köcheln lassen, bis ein dickflüssiger Sirup entsteht. Dann die Äpfel zufügen und noch einmal 5–8 Minuten köcheln lassen. Die Zimtstange entfernen, den Topf vom Herd nehmen und abkühlen lassen.

2 Für den Grießpudding die Eier trennen und das Eiweiß steif schlagen. Das Eigelb mit 2 Esslöffeln Milch verrühren. Das Mark aus der Vanillestange kratzen. Milch, Salz, Zucker, Zitronenschale, Vanillemark und Vanillestange in einen Topf geben und aufkochen lassen. Die Zitronenschale entfernen.

3 Vom Herd nehmen, den Grieß unter Rühren einstreuen und etwa 8 Minuten quellen lassen. Dann das Eigelb zugeben und gut verrühren. Nun den Eischnee locker unter den heißen Pudding ziehen. Dessertschalen mit kaltem Wasser ausspülen und den Grießpudding darauf verteilen. Noch warm mit dem Apfelkompott servieren.

Bayerische Nussküchlein

FÜR 4 PERSONEN

50 g Butter

25 g Puderzucker

25 g gemahlene Haselnüsse

50 g Löffelbiskuits, in Stücke gebrochen

50 g Zartbitterschokolade, gerieben

2 große Eier, getrennt

1 EL Weinbrand

1 EL Crème de Cacao

Butter, zum Einfetten

Schokoladensauce

4 TL Wasser

25 g Zucker

Saft und abgeriebene Schale von 1 kleinen Orange

125 g Zartbitterschokolade, in Stücke gebrochen

1 Den Backofen auf 180 °C vorheizen. Die Butter in einer großen Schüssel schaumig schlagen, nach und nach den Zucker zugeben und gut verrühren. Unter Rühren Haselnüsse, Biskuitbrösel und geriebene Schokolade zufügen. Dann Eigelb, Weinbrand und Crème de Cacao zugeben und alles gut vermengen.

2 Das Eiweiß steif schlagen und vorsichtig unter die Nussmischung heben. 4 ofenfeste Förmchen einfetten und die Nussmischung darauf verteilen.

3 Etwas heißes Wasser in eine Auflaufform gießen und die Förmchen hineinstellen. Die Auflaufform vorsichtig in den Ofen schieben und etwa 45 Minuten backen, bis die Küchlein gar sind.

4 Für die Sauce Wasser, Zucker, Orangensaft und -schale in einen kleinen Topf geben und zum Kochen bringen. Die Hitze reduzieren und weitere 3 Minuten köcheln lassen. Die Schokolade in eine hitzebeständige Schüssel geben und auf einen Topf mit heißem Wasser stellen. Im Wasserbad schmelzen, dann langsam und unter Rühren den Orangensirup zugießen.

5 Die Küchlein mithilfe eines Messers aus den Formen lösen und auf Teller stürzen. Mit der Sauce übergießen und noch warm servieren.

Kirschenmichel

FÜR 4–6 PERSONEN

4 Brötchen vom Vortag

200 ml lauwarme Milch

2 EL Butter, in kleine Würfel geschnitten, plus etwas mehr zum Einfetten

2 Eier

50 g Zucker

2 TL Zimt

700 g Süßkirschen, entsteint, oder Sauerkirschen aus dem Glas, gut abgetropft

50 g gehackte Mandeln

1 Prise Salz

2 EL Puderzucker

steif geschlagene Schlagsahne, zum Servieren

1 Die Brötchen in dünne Scheiben schneiden, mit der Milch übergießen und gut einweichen.

2 Den Backofen auf 200 °C vorheizen. Eine Auflaufform mit Butter einfetten. Die Eier trennen. Das Eigelb in einer Schüssel mit Zucker und Zimt verrühren. Kirschen und gehackte Mandeln zugeben und gut verrühren. Die Brötchenmasse zugeben und vermengen. Eiweiß und Salz steif schlagen und vorsichtig unter die Kirschmasse heben. Dann in die Aufflaufform gießen und gut verteilen.

3 Mit den Butterwürfeln belegen und auf der mittleren Schiene etwa 40 Minuten backen, bis die Oberfläche eine goldbraune Farbe angenommen hat. Mit dem Puderzucker bestreuen und mit Schlagsahne servieren.

Bratäpfel mit Vanillesauce

FÜR 4 PERSONEN

50 g weiche Butter

50 g Puderzucker

50 g gemahlene Mandeln

1 EL Mehl

1 Prise Salz

1 EL Rum

4 große Äpfel (z. B. Boskop)

Vanillesauce (s. S. 209), zum Servieren

1 Den Backofen auf 160 °C vorheizen. Butter und Zucker in eine Schüssel geben und schaumig rühren. Nach und nach Mandeln, Mehl, Salz und Rum einrühren. Alles gut vermengen.

2 Mit einem Ausstecher das Kerngehäuse aus den Äpfeln herauslösen und den Hohlraum mit der Mandelmasse füllen.

3 Ein Backblech mit Backpapier auslegen und die Äpfel daraufsetzen. Etwa 30 Minuten backen. Vor dem Servieren etwas abkühlen lassen, auf Tellern anrichten und mit der Vanillesauce übergießen.

Käsekuchen mit Rosinen

ERGIBT 12 STÜCK

125 g Sultaninen

50 ml Rum

Teig

250 g Mehl

1/2 Päckchen Backpulver

100 g Zucker

120 g Butter, plus etwas mehr zum Einfetten

1 Eier

Füllung

5 Eier, getrennt

750 g Speisequark (20 %)

250 g Zucker

Saft und abgeriebene Schale von 1/2 Zitrone

1 Päckchen Vanillezucker

2–3 EL feiner Hartweizengrieß

1 Die Sultaninen für einige Stunden im Rum einlegen. Abgießen und abtropfen lassen.

2 Mehl, Backpulver, Zucker, Butter und Ei in einer Schüssel verkneten. Abgedeckt 30 Minuten im Kühlschrank ruhen lassen. Den Backofen auf 175 °C vorheizen. Eine Springform mit etwas Butter einfetten. Den Teig leicht ausrollen und auf dem Boden der Form mit den Fingern verteilen.

3 Für die Füllung das Eiweiß in einer Schüssel steif schlagen. Das Eigelb mit den restlichen Zutaten für die Füllung und den Sultaninen in eine weitere große Schüssel geben und gut verrühren. Nun vorsichtig den Eischnee unterheben. Die Quarkmischung auf dem Teigboden in der Springform verteilen. Etwa 50 Minuten im Ofen backen. Dann den Ofen ausschalten und den Kuchen bei geöffneter Ofentür auskühlen lassen.

Dampfnudeln

ERGIBT 8 STÜCK

300 ml Milch

50 g Butter

1 Prise Salz

1 EL Zucker

1 Päckchen Vanillezucker

1/2 TL abgeriebene Zitronenschale

Vanillesauce (s. S. 209), zum Servieren

Teig

500 g Mehl

40 g Hefe

1 EL Zucker

125–250 ml lauwarme Milch

2 Eier

1 Prise Salz

100 g Butter

1 Für den Teig das Mehl in eine Schüssel sieben und in die Mitte eine Vertiefung drücken. Die Hefe in die Vertiefung bröseln und mit 1 Teelöffel Zucker und 125 ml Milch zu einem Vorteig anrühren. Die Schüssel abdecken und an einem warmen Ort 15 Minuten gehen lassen.

2 Dann Eier, Salz, restlichen Zucker und Butter zufügen und zu einem geschmeidigen Teig verarbeiten. Bei Bedarf mehr Milch zufügen. So lange kräftig schlagen, bis der Teig Blasen wirft. Den Teig auf einer Arbeitsfläche zu einer Rolle formen und in 8 Stücke schneiden. Ein Schneidebrett mit Mehl bestäuben. Die Teigbällchen darauflegen, abdecken und etwa 30 Minuten gehen lassen.

3 Den Backofen auf 150 °C vorheizen. In einen großen ofenfesten Topf Milch, Wasser, Butter, Salz, Zucker, Vanillezucker und Zitronenschale geben und aufkochen. Vom Herd nehmen und auf Zimmertemperatur abkühlen lassen. Nun die Teigbällchen in den Topf legen, diesen mit einem feuchten Tuch bedecken und mit dem Topfdeckel fest verschließen. (Es darf während des Garvorgangs kein Dampf entweichen.) Den Topf in den Ofen geben und 25–30 Minuten backen. Sobald es im Topf knistert, brauchen die Dampfnudeln noch 5 Minuten. Die Dampfnudeln sollten unten eine leichte Kruste haben. Auf Tellern anrichten und mit Vanillesauce servieren.

Gebackener Milchreis mit Pflaumensauce

FÜR 4–6 PERSONEN

100 g Milchreis

750 ml Milch

1 Prise Salz

50 g Butter, plus etwas mehr zum Einfetten

abgeriebene Schale von 1/2 Zitrone

25 g Sultaninen

1 TL Zimt

4 Eier, getrennt

70 g Zucker

Pflaumensauce

250 g Pflaumen, halbiert und entsteint

250 ml Wasser

1 Streifen Zitronenschale

2 EL Speisestärke

50 g Zucker

1 EL Zitronensaft

1 Den Reis in einen Topf geben, mit Wasser bedecken und zum Kochen bringen. Nach 5 Minuten den Reis abgießen und abtropfen lassen.

2 Milch, Salz, Butter, Zitronenschale und Reis in einen Topf geben und bei geringer Hitze etwa 45 Minuten unter Rühren köcheln lassen, bis der Reis gar ist. Die Zitronenschale entfernen und abkühlen lassen. Sultaninen und Zimt zugeben und gut verrühren.

3 Für die Sauce die Pflaumen in einen Topf geben, etwas Wasser zugießen und bei geringer Hitze so lange köcheln, bis sie weich sind. Dann mit einem Pürierstab pürieren. Wasser und Zitronenschale in einen Topf geben und zum Kochen bringen. Die Speisestärke in 1 Esslöffel Wasser auflösen, in den Topf geben und verrühren. Kurz köcheln lassen, die Zitronenschale entfernen und das Pflaumenmus einrühren. Mit Zucker und Zitronensaft abschmecken. Beiseitestellen.

4 Den Backofen auf 175 °C vorheizen. Eigelb und Zucker schaumig schlagen und unter den abgekühlten Reis ziehen. Das Eiweiß steif schlagen und unter den Reis heben. Eine Auflaufform einfetten, die Masse hineingeben und 45 Minuten goldbraun backen. Mit der Pflaumensauce servieren.

Waffeln mit Zimtäpfeln

FÜR 6 PERSONEN

Waffeln

120 g Butter

120 g Zucker

8 Eigelb

300 g Mehl

2 TL Backpulver

1/2 TL Salz

225 ml Milch

2 TL abgeriebene Zitronenschale

Öl, zum Einfetten

steif geschlagene Schlagsahne, zum Servieren

Zimtäpfel

2 säuerliche Äpfel

2 EL Butter

Saft von 1 Zitrone

2 EL Honig

1/2 TL Zimt

1 Für die Waffeln Butter und Zucker schaumig schlagen. Nach und nach das Eigelb gründlich einarbeiten. Mehl, Backpulver und Salz mischen, dann abwechselnd mit der Milch in die Buttermischung rühren. Die Zitronenschale zufügen und alles zu einem glatten Teig verarbeiten.

2 Das Waffeleisen aufheizen und mit 1 Teelöffel Öl einfetten. Aus dem Teig goldgelbe Waffeln backen.

3 Die Äpfel schälen, halbieren, entkernen und in Scheiben schneiden. Die Butter in einer Pfanne zerlassen, die Äpfel zugeben und weich dünsten. Mit dem Zitronensaft beträufeln und mit Honig und Zimt abschmecken.

4 Die Waffeln auf Tellern anrichten und die Zimtäpfel darauf verteilen. Mit der geschlagenen Sahne servieren.

Seite 228–229: *Der Nürnberger Christkindlmarkt gehört zu den ältesten und bekanntesten Weihnachtsmärkten in Deutschland. Erste Hinweise auf den Markt gibt es bereits aus dem frühen 17. Jahrhundert.*

Schmidt-Honig
Hauptmarkt

Dresdner Eierschecke

ERGIBT 12 STÜCK

Mürbeteig

200 g Mehl, plus etwas mehr zum Bestäuben

2 TL Backpulver

100 g Butter, plus etwas mehr zum Einfetten

100 g Zucker

1 Ei

Füllung

750 g Magerquark

2 Eier

1 Päckchen Sahnepuddingpulver

200 g Zucker

Puddingschicht

2 Päckchen Sahnepuddingpulver

175 g Zucker

240 ml Milch

5 Eier

1 Prise Salz

150 g weiche Butter

1 Die Zutaten für den Teig in eine Schüssel geben und gut vermengen. Den Teig abdecken und im Kühlschrank 30 Minuten ruhen lassen.

2 Die Zutaten für die Füllung in einer Schüssel zu einer glatten Masse rühren.

3 Eine Springform (26 cm Ø) mit Butter einfetten und leicht mit Mehl bestäuben. Dann den Teig mit den Fingern gleichmäßig auf dem Boden verteilen. Die Quarkmasse daraufgeben und verstreichen. Den Backofen auf 180 °C vorheizen.

4 Für die Puddingschicht Puddingpulver und Zucker mit 5 Esslöffeln Milch verrühren. Die restliche Milch in einem Topf zum Kochen bringen, vom Herd nehmen und das Puddinggemisch unterrühren. Noch einmal auf den Herd stellen und unter Rühren kurz aufkochen lassen. Die Eier trennen und Eiweiß und Salz steif schlagen. Eigelb und Butter in den Pudding geben und gut verrühren. Nun den Eischnee unter den Pudding heben und die Masse auf der Quarkschicht verteilen.

5 Den Kuchen 45 Minuten im Ofen backen. Abkühlen lassen und servieren.

Fürst-Pückler-Eistorte

ERGIBT 12 STÜCK

5 Eier, getrennt

200 g Puderzucker

1 Prise Weinsteinsäure (erhältlich in der Apotheke)

1 Päckchen gemahlene weiße Gelatine

4 EL Wasser

85 g Zucker

60 ml Sherry

650 g Schlagsahne, mit 3 EL Puderzucker steif geschlagen

2 EL ungesüßtes Kakaopulver

200 g Himbeeren, plus 12 Himbeeren zum Dekorieren

5 Tropfen Vanillearoma

25 g Zartbitterschokolade, geraspelt

125 g steif geschlagene Schlagsahne, zum Dekorieren

1 Den Backofen auf 140 °C vorheizen. Das Eiweiß sehr steif schlagen und mit Zucker und Weinstein verrühren. Eine Springform (24 cm Ø) mit Backpapier auslegen, die Masse hineingeben und 45 Minuten backen. Den Ofen ausschalten und die Meringue noch 1 Stunde im Ofen ruhen lassen. Aus der Form nehmen, das Backpapier abziehen und die Meringue zurück in die Form geben.

2 Die Gelatine mit dem Wasser in eine Schüssel geben und über einem Topf mit heißem Wasser auflösen. Dann 5 Minuten ruhen lassen. Eigelb, Zucker und Sherry zugeben, auf das Wasserbad stellen und schlagen, bis die Masse eindickt. Beiseitestellen.

3 Die Schlagsahne unter die Gelatinemasse heben und auf 3 Schüsseln verteilen. In die eine Schüssel den Kakao mischen, in die zweite die Himbeeren, in die dritte das Vanillearoma. Die Kakaomischung auf die Meringue geben, ins Kühlfach stellen und 20 Minuten einfrieren. Dann die Himbeermischung darauf verteilen und weitere 20 Minuten einfrieren. Zuletzt die Vanillemischung darauf verstreichen und 8 Stunden einfrieren.

4 Die Eistorte vorsichtig auf eine Kuchenplatte heben. Mit Schlagsahne und Himbeeren verzieren und mit der geraspelten Schokolade bestreuen. Servieren.

Pflaumenkuchen

ERGIBT 18 STÜCK

500 g Mehl, plus etwas mehr zum Bestäuben

250 ml zimmerwarme Milch

1 Päckchen Trockenhefe

100 g Zucker

1 Ei

25 g zimmerwarme Butter, plus etwas mehr zum Einfetten

1 Prise Salz

abgeriebene Schale von 1/2 Zitrone

1,3 kg Pflaumen, entsteint

Puderzucker und Zimt, zum Bestäuben

1 Das Mehl in eine große Schüssel sieben und in die Mitte eine Mulde drücken. 100 ml Milch und die Hefe zugeben und mit 1 Teelöffel Zucker und etwas Mehl verrühren. Auf diese Weise einen Vorteig herstellen und abdecken. An einen warmen Ort stellen und gehen lassen.

2 Die restliche Milch, den übrigen Zucker, Ei, Butter und Salz zufügen und alles kräftig kneten, bis der Teig Blasen wirft. Die Schüssel abdecken und den Teig erneut 30 Minuten gehen lassen, bis er das doppelte Volumen erreicht hat.

3 Den Backofen auf 180 °C vorheizen. Ein Backblech einfetten und leicht mit Mehl bestäuben. Mit den Fingern den Teig darauf verteilen. Die Pflaumen mit der aufgeschnittenen Seite nach unten auf den Teig drücken. Den Teig mit einem sauberen Küchenhandtuch bedecken und abermals 1 Stunde an einem warmen Ort gehen lassen, bis er das Doppelte seines Volumens erreicht hat.

4 Den Kuchen 30 Minuten backen, bis der Teig eine goldene Farbe angenommen hat. Mit Puderzucker und Zimt bestreuen und servieren.

Apfelstrudel

FÜR 6–8 PERSONEN

350 g Mehl

1 Prise Salz

1 Ei, mit 2 EL Sonnenblumenöl verquirlt

lauwarmes Wasser

steif geschlagene Schlagsahne, zum Servieren

Füllung

100 g Butter, zerlassen

90 g Semmelbrösel

125 g gehackte Walnüsse

900 g Äpfel, geschält, entkernt und in dünne Scheiben geschnitten

125 g Sultaninen

abgeriebene Schale von 1 Zitrone

1 TL Zimt

125 g Zucker

1 Mehl und Salz auf eine Arbeitsfläche sieben. In die Mitte eine Vertiefung drücken. In diese die Ei-Öl-Mischung hineingeben und mit dem Mehl vermengen. So viel Wasser unterkneten, dass ein glatter, geschmeidiger Teig entsteht. Den Teig 10 Minuten lang kneten. Dann in eine Schüssel legen, mit Mehl bestäuben und 30 Minuten an einem warmen Ort ruhen lassen.

2 Eine Arbeitsfläche mit einem großen, sauberen Küchentuch auslegen. Dieses mit Mehl bestäuben und den Teig darauf mit einem Nudelholz hauchdünn ausrollen. Die Ränder dabei immer wieder mit den Händen ausziehen. Abschließend die Ränder begradigen. Den Teig nochmals 10 Minuten ruhen lassen.

3 Den Backofen auf 180 °C vorheizen. Ein Backblech einfetten und mit Backpapier auslegen. Dann die Teigplatte mit der Hälfte der Butter bestreichen. Erst mit Semmelbröseln, dann mit den Walnüssen bestreuen. Den unteren Teil der Teigplatte mit den Äpfeln belegen, dabei die Ränder freilassen.

4 Die Äpfel mit der Hälfte der restlichen Butter bestreichen. Sultaninen, Zitronenschale, Zimt und Zucker darauf verteilen. Die Ränder über die Apfelfüllung schlagen und die Teigplatte mithilfe des Küchentuchs aufrollen. Die Teigrolle auf das Backblech legen, mit der restlichen Butter bestreichen und 1 Stunde im Ofen backen. Warm mit Schlagsahne servieren.

Baumkuchentorte

ERGIBT 8 STÜCK

400 g Marzipanrohmasse

60 g Schlagsahne

200 g Butter, plus etwas mehr zum Einfetten

100 g Speisestärke

150 g Mehl

2 EL Rum

5 Tropfen Vanillearoma

1 TL abgeriebene Zitronenschale

10 Eier, getrennt

200 g Puderzucker

450 g Aprikosenkonfitüre, durch ein Sieb gestrichen und erwärmt

120 g gemahlene Mandeln

gehackte Pistazien, zum Garnieren

Glasur

85 g Butter

1 TL Rum

1 TL heller Zuckerrübensirup

85 g Zartbitterschokolade, in kleine Stücke gebrochen

1 Marzipan und Sahne in einer Schüssel verrühren. In einer weiteren Schüssel Butter, Speisestärke, Mehl, Rum, Vanillearoma und Zitronenschale vermengen. Das Marzipan einarbeiten. In einer dritten Schüssel Eigelb und die Hälfte des Zuckers schaumig rühren und in die Marzipanmischung einarbeiten. Das Eiweiß steif schlagen, dabei den restlichen Zucker einrühren. Ebenfalls unter die Marzipanmasse heben.

2 Den Backofengrill vorheizen. Eine Springform (24 cm Ø) mit Backpapier auslegen. 3 Esslöffel der Masse auf dem Boden der Form verteilen. Unter dem Grill 2–3 Minuten backen, bis der Teig bräunt. Herausnehmen, 3 Esslöffel von der Masse auf dem Teig verteilen und wieder unter den Grill geben. Herausnehmen und dünn etwas Konfitüre und 1 Teelöffel Mandeln darauf verteilen. Erneut mit 3 Esslöffeln Teig bestreichen und backen. So vorgehen, bis Teig und Mandeln ganz aufgebraucht und von der Konfitüre noch 50 g übrig sind.

3 Den Kuchen über Nacht in der Form abkühlen lassen. Aus der Form nehmen, das Backpapier entfernen und auf ein Kuchengitter heben. Die restliche Konfitüre erhitzen und den Kuchen damit bestreichen.

4 Für die Glasur alle Zutaten im Wasserbad schmelzen und überziehen. Etwas abkühlen lassen und den Kuchen damit überziehen. Mit den gehackten Pistazien bestreuen.

Schwarzwälder Kirschtorte

ERGIBT 12 STÜCK
6 Eier, getrennt
90 ml warmes Wasser
1 Prise Salz
200 g Zucker
1 Päckchen Vanillezucker
300 g Mehl
1 EL ungesüßtes Kakaopulver
1 Päckchen Backpulver
Schokoraspel, zum Dekorieren

Füllung
80 ml Kirschwasser
750 g Schlagsahne
1 Päckchen Vanillezucker
1 1/2 EL Zucker
1 Päckchen Sahnesteif
1 Glas Sauerkirschen, abgetropft und Saft aufgefangen
1 EL Speisestärke, in etwas Wasser aufgelöst

1 Den Backofen auf 200 °C vorheizen. In einer Schüssel Eiweiß, Wasser und Salz schaumig schlagen. Zucker und Vanillezucker langsam einrieseln lassen und erneut aufschlagen. Das Eigelb unterheben. In einer weiteren Schüssel Mehl, Kakao und Backpulver vermischen, in die Eimasse sieben und vermengen.

2 Eine Springform (26 cm Ø) mit Backpapier auslegen und den Teig hineingießen. Etwa 20–25 Minuten backen. Auf ein Gitterrost heben und abkühlen lassen.

3 Den Boden waagerecht in 3 Schichten schneiden. Jede Schicht mit 2 Esslöffeln Kirschwasser beträufeln. Sahne mit Vanillezucker, 1 Esslöffel Zucker und Sahnesteif steif schlagen. Den Kirschsaft in einen Topf mit 1/2 Esslöffel Zucker aufkochen. Die Speisestärke einrühren und andicken lassen. Die Kirschen zugeben, vom Herd nehmen und abkühlen lassen.

4 Auf dem untersten Boden ein Drittel der Schlagsahne verstreichen, dann die Hälfte der Kirschen darauf verteilen. Den zweiten Boden darauflegen und ebenso verfahren. Anschließend den dritten Boden auflegen. Die Torte ringsum mit Schlagsahne bestreichen und mit den Schokoraspeln bestreuen. Im Kühlschrank mindestens 1 Stunde ruhen lassen und servieren.

Frankfurter Kranz

ERGIBT 12 STÜCK

100 g weiche Margarine oder Butter, plus etwas mehr zum Einfetten
150 g Zucker
1 Päckchen Vanillezucker
abgeriebene Schale von 1/2 Zitrone
ein Spritzer Rum oder Rumaroma
1 Prise Salz
3 Eier
150 g Mehl
50 g Speisestärke
2 TL Backpulver
Belegkirschen, zum Dekorieren (nach Belieben)

Krokant

10 g Butter
60 g Zucker
125 g Mandeln, abgezogen und sehr grob gehackt

Füllung

1 Päckchen Vanillepuddingpulver
100 g Zucker
500 ml Milch
250 g weiche Butter
3 EL Johannisbeergelee oder Erdbeerkonfitüre

1 Den Backofen auf 180 °C vorheizen. Eine Kranzform (24 cm Ø) einfetten. Für den Rührteig Margarine, Zucker, Vanillezucker, Zitronenschale, Rum und Salz cremig rühren. Dann die Eier unterrühren. Mehl, Speisestärke und Backpulver hineinsieben und vermengen. Den Teig in die Kranzform füllen und glatt streichen. 45–60 Minuten backen. Herausnehmen und abkühlen lassen. Dann den Teig waagerecht mit Zwirn in 3 Teile schneiden.

2 Für den Krokant Butter, Zucker und Mandeln in einer Pfanne unter Rühren karamellisieren. Auf ein Stück Alufolie geben und erkalten lassen.

3 Für die Füllung das Puddingpulver nach Packungsanleitung, aber mit der hier angegebenen Menge Zucker und Milch zubereiten. Auf Zimmertemperatur abkühlen lassen. Butter und Pudding verrühren. Den untersten Boden mit dem Gelee bestreichen, darauf ein Drittel der Buttercreme geben. Den zweiten Boden aufsetzen, erneut ein Drittel der Buttercreme darauf verteilen. Den dritten Boden auflegen und den ganzen Kranz mit der restlichen Buttercreme bestreichen. Den Kranz mit dem Krokant bestreuen. Nach Belieben noch mit Belegkirschen dekorieren. Einige Stunden kalt stellen und servieren.

Mohnkuchen

ERGIBT 8 STÜCK

150 g weiche Butter, plus etwas mehr zum Einfetten

3 gehäufte EL Zucker

1 Prise Salz

1 großes Ei

200 g Mehl, plus etwas mehr zum Bestäuben

1–2 EL Mohnsamen, zum Dekorieren

1 EL Puderzucker

steif geschlagene Schlagsahne, zum Servieren

Füllung

140 g gemahlene Mohnsamen

90 ml Milch

125 g Zucker

50 g Zartbitterschokolade, geraspelt

50 g Rosinen

50 g Zitronat, klein gehackt

50 g gemahlene Mandeln

1 großes Ei, verquirlt

1 Für den Teig in einer Schüssel Butter, Zucker und Salz verrühren. Das Ei einrühren, dann das Mehl und 1 Esslöffel kaltes Wasser zugeben und zu einem festen Teig vermengen. Den Teig zu einer Kugel formen, mit Frischhaltefolie umwickeln und im Kühlschrank 1 Stunde ruhen lassen.

2 Für die Füllung Mohn und Milch in einen Topf geben, erhitzen und 2 Minuten köcheln lassen. Den Topf vom Herd nehmen und Zucker, Schokolade, Rosinen, Zitronat und Mandeln zugeben. 1 Teelöffel vom verquirlten Ei zurückbehalten und das restliche Ei in die Mischung geben. Den Backofen auf 175 °C vorheizen.

3 Den Teig auf einer bemehlten Arbeitsfläche sehr dünn ausrollen. Aus dem Teig mithilfe eines Springformbodens (20 cm Ø) 4 Kreise ausschneiden. Die Springform einfetten, einen Teigkreis auf den Boden drücken und mit einer Gabel mehrmals einstechen. Ein Drittel der Füllung darauf verteilen und glatt streichen. Mit einem zweiten Teigkreis belegen und ein weiteres Drittel der Füllung darauf verteilen. Den Vorgang wiederholen und mit dem vierten Teigkreis abschließen. Diesen mit dem zurückbehaltenen Eigelb bestreichen.

4 Den Kuchen 45 Minuten backen, bis er eine goldene Farbe annimmt. Mit Mohnsamen und Puderzucker bestreuen, etwas abkühlen lassen und mit Schlagsahne servieren.

Christstollen

FÜR 8 PERSONEN

150 ml lauwarme Milch

50 g Zucker

2 TL Trockenhefe

350 g Mehl, plus etwas mehr zum Bestäuben

1/2 TL Salz

120 g zimmerwarme Butter, plus etwas mehr zum Einfetten

1 Ei, verquirlt

40 g Korinthen

50 g Sultaninen

50 g Zitronat

50 g Belegkirschen

25 g Mandelstifte

abgeriebene Schale von 1/2 Zitrone

175 g Marzipanrohmasse, zu einer etwa 22 cm langen Rolle geformt

120 g Puderzucker

1 EL heißes Wasser

1 Milch und 1 Teelöffel Zucker in eine Schüssel geben, die Hefe einstreuen und verrühren. 10 Minuten quellen lassen.

2 Mehl, Salz und den restlichen Zucker in eine Schüssel geben und eine Mulde in die Mitte drücken. Die Hefemischung hineingeben. Butter und Ei zufügen und alles zu einem glatten Teig vermengen.

3 Korinthen, Sultaninen, Zitronat, Kirschen, Mandeln und Zitronenschale in den Teig kneten. Die Schüssel abdecken und an einem warmen Ort 2 Stunden gehen lassen, bis der Teig das doppelte Volumen erreicht hat.

4 Den Teig auf die Arbeitsfläche geben und kräftig kneten, bis er fest und elastisch ist. Zu einem 25 cm x 20 cm großen Rechteck ausrollen und das Marzipan in die Mitte legen.

5 Den Backofen auf 190 °C vorheizen. Den Teig über dem Marzipan zusammenfalten und zu einer Rolle formen. Ein Backblech einfetten und den Teig darauflegen. Mit einem Tuch abdecken und erneut gehen lassen, bis er das doppelte Volumen erreicht hat. Dann 40 Minuten backen, bis der Christstollen eine goldene Farbe angenommen hat. Auf ein Gitterrost legen und abkühlen lassen.

6 Puderzucker und Wasser verrühren und auf den noch warmen Stollen streichen. Zum Servieren in Scheiben schneiden.

Roggenbrot

ERGIBT 1 BROT

Vorteig

3 EL lauwarmes Wasser

1/2 TL Trockenhefe

50 g Mehl

1 EL Milch

1 EL Kümmelsamen (nach Belieben)

Teig

375 ml lauwarmes Wasser

1 1/2 TL Trockenhefe

350 g Roggenmehl

100 g Weizenmehl, plus etwas mehr zum Bestäuben

2 TL Salz

1 Für den Vorteig das Wasser in eine Schüssel gießen, die Hefe einstreuen und 5 Minuten quellen lassen. Mehl, Milch und nach Belieben Kümmelsamen zufügen und gut vermengen. Mit einem Tuch abdecken und bei Zimmertemperatur 12–18 Stunden gehen lassen.

2 Für den Teig die Hälfte des Wassers in eine Schüssel geben, die Hefe einstreuen und 5 Minuten quellen lassen. Beide Mehlsorten in eine Schüssel geben und verrühren. Eine Mulde in die Mitte drücken und Hefeflüssigkeit und Vorteig hineingeben. In der Mulde einen Brei anrühren. Mit einem Tuch abdecken und erneut mindestens 12 Stunden gehen lassen, bis der Teig Blasen wirft.

3 Das Salz zugeben und alles zu einem Teig vermengen. Auf eine bemehlte Arbeitsfläche geben und 10 Minuten kneten, bis der Teig elastisch ist. 10 Minuten ruhen lassen.

4 Den Teig zu einem runden Laib formen, auf ein bemehltes Blech legen und mit Mehl bestäuben. Die Oberfläche ein paarmal einritzen. Den Laib abdecken und an einem warmen Ort 2 Stunden gehen lassen, bis er das doppelte Volumen angenommen hat. Den Backofen auf 200 °C vorheizen. Das Brot im Ofen mindestens 1 Stunde backen. Das Brot ist gar, sobald es hohl klingt, wenn man dagegen klopft. Auf einem Gitterrost abkühlen lassen und servieren.

Hefebrötchen

ERGIBT 8 STÜCK

300 ml lauwarmes Wasser

2 TL Trockenhefe

450 g Mehl, plus etwas mehr zum Bestäuben

1 TL Salz

1 Ei, mit 1 EL Wasser verquirlt

grobes Salz

1 Von dem Wasser 6 Esslöffel in eine Schüssel geben, die Hefe einstreuen und 5 Minuten quellen lassen.

2 Mehl und Salz in einer großen Schüssel verrühren und in die Mitte eine Mulde drücken. Die Hefemischung in die Mulde gießen und mit so viel Mehl verrühren, dass ein dicker Teig entsteht. Die Schüssel mit einem Tuch abdecken und 20 Minuten gehen lassen.

3 Das restliche Wasser zugießen und alles zu einem feuchten Teig verarbeiten. Den Teig auf einer bemehlten Arbeitsfläche 10 Minuten kneten, bis er elastisch ist.

4 Den Teig in eine saubere Schüssel geben, mit einem Tuch abdecken und weitere 2 Stunden gehen lassen, bis er sein Volumen verdoppelt hat. Gut durchkneten und 10 Minuten ruhen lassen. Den Backofen auf 220 °C vorheizen.

5 Den Teig in 8 Stücke teilen und diese zu langen Strängen formen. Jeden Strang zweifach locker knoten und die Enden nach unten einschlagen. Die Brötchen auf ein bemehltes Backblech legen und etwas andrücken. Mit der Eimischung bestreichen und mit dem Salz bestreuen. 15–20 Minuten backen, bis sie knusprig sind und eine goldene Farbe angenommen haben. Auf einem Gitterrost abkühlen lassen und servieren.

Kirschstreusel

ERGIBT 8 STÜCK

250 g Mehl

100 g gemahlene Mandeln

125 g Zucker

1/2 TL Zimt

225 g kalte Butter, in Stücke geschnitten, plus etwas mehr zum Einfetten

450 g Kirschen, entsteint

Puderzucker, zum Bestäuben

1 In einer großen Schüssel Mehl, Mandeln, Zucker und Zimt verrühren. Die Butter zufügen und alles zwischen den Fingern zerreiben, bis sich große Krümel bilden. Alternativ die Zutaten in eine Küchenmaschine geben und mit dem Knethaken langsam mischen, bis die Mischung klumpig wird.

2 Den Backofen auf 175 °C vorheizen. Die Hälfte der Mischung in eine gefettete Springform (22 cm Ø) geben und mit den Fingern in den Boden drücken. Die Kirschen darüber verteilen, dann den restlichen Teig darüberkrümeln. 45 Minuten backen, bis die Streusel knusprig sind und eine goldene Farbe angenommen haben.

3 Den Kuchen in der Form auskühlen lassen. Dann auf eine Tortenplatte heben, dick mit Puderzucker bestäuben und servieren.

Register

Register